豊前幕末傑人列伝

Miura Naoji
三浦尚司

海鳥社

本扉写真・漢学私塾「蔵春園」跡（豊前市薬師寺）

刊行に寄せて

福岡県求菩提資料館　館長
恒遠俊輔

このたび三浦尚司さんが『豊前幕末傑人列伝』なる著書を出版されるという。先だって、さまざまな史料をつぶさに検証して書き綴ったその原稿を読ませていただいたが、まさしく根気のいる作業だったに相違なく、氏のご苦労に対してまずは深甚なる敬意を表したいと思う。それにしても、つぎつぎに新たな著作にチャレンジされる三浦さんのエネルギーには、まったくもって脱帽である。

さて、三浦さんは本書で疾風怒濤の幕末期を駆け抜けた人物十名をとりあげて紹介されているが、あらためてその方々の生き様に触れさせていただき、深い感銘を覚えた。しかも、そこに登場する人々の多くが私塾「蔵春園《ぞうしゅんえん》」ゆかりの人たちであるだけに、彼らの生き方がとりわけ私の心に沁みるのである。むろん、軍国主義時代の強制された「滅私奉公」などではない。世のため他人のために生きる生き方をみずから選びとって生きるのである。彼らはそれを生き甲斐とし歓びとした。自分以外の命のために何ができるかを問い続けるその姿勢は、実に清々しく心地よい。

私はかねてから、かつての私塾のなかに学びの原点がありはしないか、今日の学校教育が抱える諸問題解決の糸口は私塾教育のなかにこそあるのではないか、そう問いかけてきた。幕末期の私塾には、教える者の「生きた心」があり、「響く言葉」があり、教える者が自らの生き方をぶつけ、学ぶ者の「生き方に迫る」緊張関係があった。そして、そこから、本書に登場するような、閉塞した時代情況を切り拓く素晴らしい人材が巣立っていったのである。

戦後日本、否、明治以来と言っていいかもしれない、人びとは西欧文明に憧れ、モノの豊かさを追い求め、それこそが真の豊かさだと錯覚してきた。おカネで買えるものを買いすぎて、大切な心を置き去りにしてしまった。

そして、今なお、「市場原理主義」「グローバル・スタンダード」といった言葉に踊らされ、本来日本人がもちあわせていたモラルをも古着を脱ぎ捨てるかのようにかなぐり捨てて、人は金銭まみれになって右往左往するのである。精神的に実にみじめな時代だ。

こうしたとき、三浦さんが本書の出版を思い立たれたことは、まさしく時宜を得たものといわなければならない。先人たちの生き方にぜひ多くのことを学びながら、混迷する時代の壁を打ち破る自信と勇気を取り戻したいと思う。

ちなみに、江戸文政年間、豊前の地に私塾・蔵春園を開設した恒遠醒窓《つねとおせいそう》の生誕二百周年を記念して、平成十五（二〇〇三）年に「恒遠醒窓顕彰会」が発足、三浦さんにその副会長をお願いしているが、本書が顕彰事業の一環を担っていただくことになれば、このうえない歓びである。

平成二十四年一月

豊前幕末傑人列伝◉目次

番外編

廃藩置県の悲運に泣いた　千束藩旭城哀史 ≫ 207

維新の陰の功労者

白石廉作

白石廉作

はじめに

平成十五（二〇〇三）年十月五日、豊前市薬師寺の蔵春園《ぞうしゅんえん》において、広瀬淡窓《ひろせたんそう》の高弟、恒遠醒窓《つねとおせいそう》の生誕二百年を記念する祭典が盛大に催された。

恒遠醒窓の漢詩集『遠帆楼詩鈔』（草文書林）の前編と後編を校註出版したという経緯から、私も記念事業に参画した。

この記念事業の過程において、昭和二十七（一九五二）年に郷土史家、岡為造が編纂した『豊前薬師寺村恒遠塾』（築上郡教育振興会）を読んだ。そのなかで、岡氏は醒窓の門弟であった白石廉作《しらいしれんさく》を特にとりあげ、「廉作は恒遠塾の出身にして漢詩に見られるとおり、

竹浦から移設された旧白石家浜門（山口県下関市）

聖賢《せいけん》の訓言をよく守って皇室をうやまい、始終君父の恩に酬いんがために奮闘努力した」ことを追慕して、郷土の誇りと述べている。

岡氏の著述にもあるとおり、白石廉作は蔵春園に学んだ勤皇の志士として、醒窓に最も愛された門人の一人であり、若くして倒幕運動に献身して短い生涯を終えた人物である。

私は廉作の生涯に興味を惹かれ、白石家とゆかりのある下関市の旧跡を探訪するとともに下関市立図書館を訪ねた。同館にて『白石家文書』（白石正一郎著、下関教育委員会刊）を閲覧するうちに、白石廉作の漢詩集「草稿」を発見し、せめてこれを訓読して、現代の人々に紹介したいと思い立った。そして平成十六年の春には、上梓直前になって、幸運にも下関市立長府博物館に『白石家文書』掲載の「草稿」の原本が収蔵されていることが判明した。このことにより、同館の学芸員のご協力を得て原本と照らし合わせて、より正確を期することができた。

校註の過程、廉作の漢詩を読み解くことで、醒窓の知られざる一面や私塾蔵春園の当時の有様が発見できるのではないかと期待したのだが、その期待は現実のものとなって数々の新しい発見をすることができた。

高杉晋作の奇兵隊創設をはじめ、維新の大業のため家産を傾けて物心両面の援助をした白石家は、現在では歴史に埋もれた存在に等しい。今回、兄の正一郎と車の両輪の如く活躍した弟、廉作の生涯について述べてみたい。

白石廉作について

白石家は白石正一郎の誌《しる》した『白石家文書』の「祖先年表」によれば、直姓、のち宿禰《すくね》姓、伊予国越智《おち》郡の越智姓より起こったとある。系図によれば、十七世紀後半、白石作兵

移築される前の旧白石家浜門（写真提供：萩博物館）

衛資之の代に豊前小倉から長州支藩の清末藩領の竹崎浦に移り住んだとされ、この地において荷受け問屋を営んで莫大な財をなし、屋号を小倉屋と称した。

白石廉作は諱《いみな》は資敏、字《あざな》は子寛、文政十一（一八二八）年七月二十日、長門国赤間関（現・下関市）の白石卯兵衛資陽の六男として生まれた。母は艶子。幼名は久吉、のち常三郎と改め、また廉作と改めた。

明治維新に関する貴重な資料とされる『白石家文書』によれば、嘉永元（一八四八）年二月二十八日、別家、白石健蔵資澄の娘延子を娶《めと》り、一女二男が生まれたとある。

醒窓との出会いについては、「醒窓日記」によれば、嘉永五（一八五二）年九月二十六

生野義挙顕彰碑の前に立つ筆者（兵庫県朝来市）

日、父、卯兵衛に伴われて蔵春園に入塾とある。退塾は翌々年の安政元（一八五四）年八月十八日であったとある。

廉作はことのほか醒窓に愛されていたらしく、醒窓がいずこかに出かける際は常に伴われていたと伝えられている。漢詩においても「詩稿」を残すほどの力量があり、廉作の遺書などに見られる男性的な遺墨からも、相当の能筆ぶりであったこともうかがえるのである。

廉作の蔵春園での在塾は足かけ三年であったが、師弟の情はとくに深いものであったようだ。

白石廉作と生野義挙

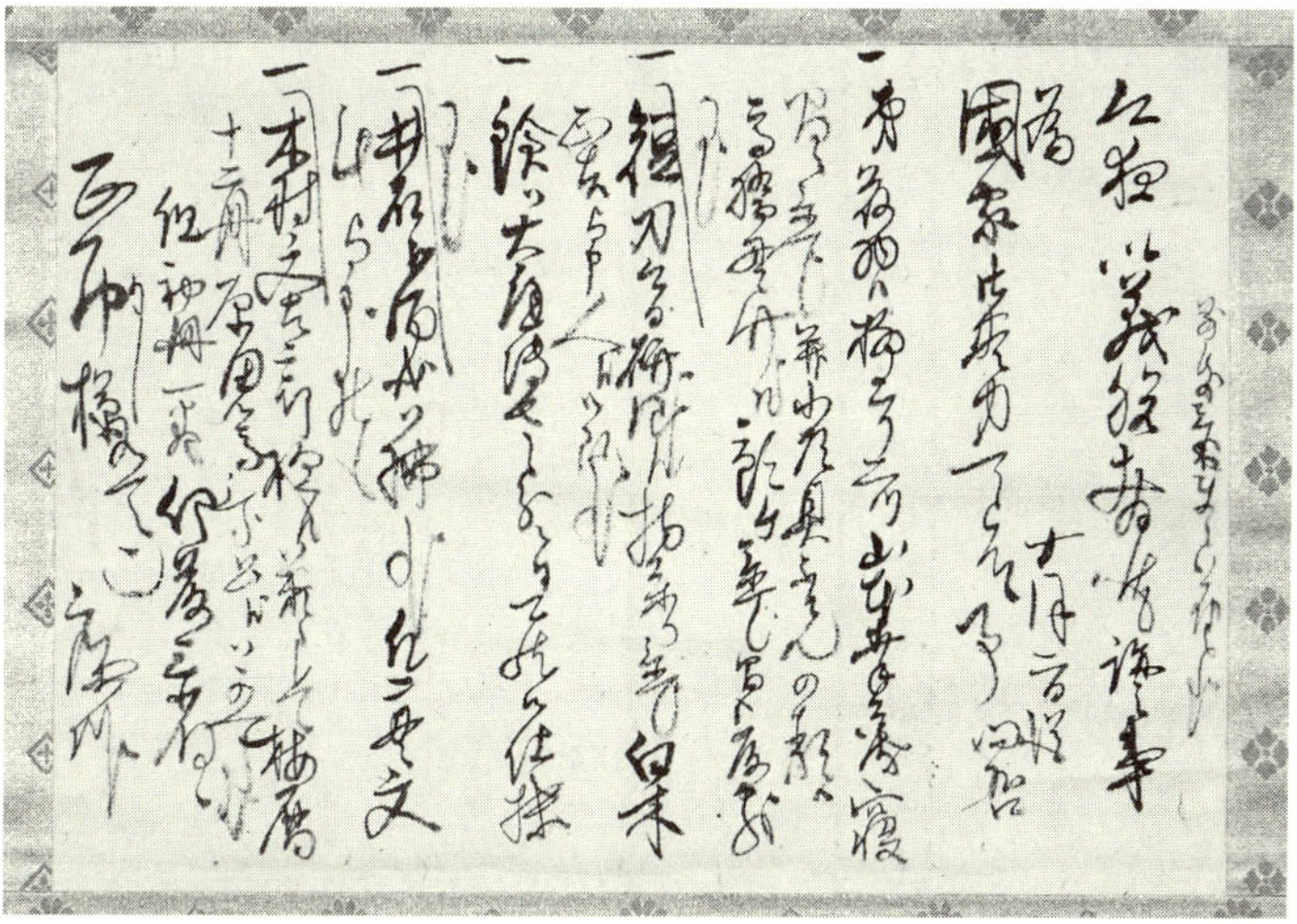

白石廉作の遺書（下関市立長府博物館所蔵）

生野《いくの》義挙《ぎきょ》の総帥、澤宣嘉《さわのぶよし》卿の孫、澤宣一と望月茂の著書『生野義挙と其同志』（マツノ書店）には、廉作の人物像について貴重な記述がある。

「軀幹長大にして、隆準である。兄弟とも書を読み、文を能くし、筆札に巧みである。尊王攘夷の為には一家、全力を挙げ、ついに資産を傾けるに至ったが、意としなかった。奇兵隊の組織されたのも背後には白石兄弟の力が與《あず》かっている。殉難義士中の最年長者」

　偉丈夫で好男子であった廉作の人物像を彷《ほう》彿《ふつ》と思い起こさせる一文である。白石廉作が三十六歳の短い生涯を終えることになったのが生野義挙である。

　当時、但馬国《たじまのくに》（現・兵庫県）生野地方では、中島太郎兵衛、北垣晋太郎などが攘夷をめざして、農兵設置運動を展開していた。また、但馬は古来より忠孝の志の厚い土地柄であっただけに、倒幕運動が容易な状況にあった。そこで薩摩藩士、美玉三平《みたまさんぺい》ならびに筑前藩士平野次郎国臣らは、総帥として都落ちした七卿の一人、澤主水正宣嘉《ざわもんどのしょうのぶよし》卿を擁立して、結束を固めていた。

文久三（一八六三）年十月二日、白石廉作は澤卿に従う奇兵隊総督南八郎（本名、河上彌市）、戸原卯橘《とはらうきつ》などの奇兵隊ら二十七名の志士とともに姫路を目指して三田尻を脱出し、途中、暴風雨に遭い難行しつつも同月十一日に、ようやく但馬生野の延應寺《えんのうじ》に集結した。同日、ただちに白石廉作と川又左一郎は澤卿の書状を持って生野代官所へ走り談判するも、代官の川上猪太郎が不在のために交渉を進展させることができなかった。

澤卿らは翌十二日未明、代官所を占拠して本陣と定め、運上蔵（御金蔵）を開き、金と米を出させ、澤卿の檄文を各村々に飛ばし、農兵を募った。これに呼応した農兵が続々と生野に終結するさなかの晩になって、大和で起こした天誅組の義挙の敗戦の一報が本陣に届いたのである。この一報によって、本陣の平野次郎国臣らの義挙中止論と、先陣の南八郎らの強硬論に意見が真二つに分かれ、ついに志士たちが分裂するに至った。

翌十三日、澤卿ら生野本陣が生野から脱走したこととあわせ、事変を察知した姫路藩と

桜山神社（下関）には、吉田松陰を中心とした
維新に散った志士たち約400柱が祀られている

出石《いずし》藩の約一千名の兵隊が南北から進撃を開始した。これに驚いた農兵たちの間で、「澤主水正宣嘉は本物ではない」という声が湧き上がった。その結果、志士たちに反感を抱き、ついに掌を返すように離反し、志士たちを攻撃するに至った。十四日、要害の妙見山の先陣には奇兵隊総督南八郎以下奇兵隊士の面々が守備し、そこには白石廉作も加わっていた。

志士たちは大挙して武装した農兵たちに囲まれ、今さら農兵と戦うわけにもいかず、最期のときが来たことを察知した。そして各自が辞世を認《したた》めたのち、南八郎以下次々に自刃し、壮烈な最期をとげたのである。

生野義挙は攘夷から倒幕を名目として大和義挙の天誅組に呼応したものであったが、わずか四日間で終結するという結末を迎えた。しかし明治維新に果たした役割は大きいとされている。明治二十四年十二月、廉作は兄正一郎とともに維新時の功績が認められ、正五位を追贈されている。

ここで特筆すべきは、高杉晋作の奇兵隊創設に深くかかわった白石兄弟の多大な貢献についてである。

高杉晋作は文久三（一八六三）年六月八日、豪商、白石正一郎の後ろ盾を得て、同家において同志とともに奇兵隊を結成した。

そのときに正一郎と廉作は、まっ先に隊士として入隊している。

奇兵隊の募集事務から隊員の仮宿舎まで白石家があてられ、家族婦女子に至るまで丁重に朝夕酒飯等の給仕にあたったことが、金子文輔の「馬関攘夷従軍筆記」（下関文書館編、『資料幕末馬関戦争』三一書房刊）に記録されている。

正一郎と廉作兄弟は白石家をあげて、金を惜しまず献身的に高杉晋作のために尽くしており、のち、正一郎と廉作はその功を賞せられて長州藩主から士分に取り立てられた。白石家の援助なくしては明治維新の原動力となった奇兵隊の創設が、このように円滑かつ素早く実現しなかったに違いない。

白石家はこの間、長州はもとより、薩摩、久留米、土佐、その他の諸藩の志士との交友を厚くして物心両面で彼らを助けたのだが、幕末に活躍し、名を知られた志士たちの大多数が白石家を訪れ、その数は実に四百人を超える多数にのぼったという。

また、白石家に滞在した三条実美卿は、

　妻子らも心ひとつに君のためにつくせる宿そさきくもあらめ

という歌を詠んで、白石家の婦女子までもが、心を合わせて国のために尽力している姿に感嘆している。

また、高杉晋作が白石正一郎の病気を見舞ったときに、惜しくも但馬生野の義挙で自刃した廉作を偲んだつぎのような詩を贈っている。

　奇葩叢裏八枝儔
　将与衆芳争窮柔
　一樹早為北風折
　萩花独作但山秋

奇葩《きは》（奇兵隊）叢裏八枝《そうりやえ》のともがら
まさに衆芳《しゅうほう》と争って柔を窮めんとす
一樹《いちじゅ》（澤公）早く北風に折られ
萩花（長門義士）独りなす但山《たじま》の秋

白石廉作の評価

『白石家文書』を読むと、白石家の当主であった兄、正一郎と弟、廉作の緊密なる連携ぶりが実によくわかるのである。

正一郎の日記には、兄に代わって家業の交渉、廻船問屋としての交通手段を駆使して勤皇の志士との情報交換など、廉作の東奔西走ぶりが記録されている。

廉作が惜しくも生野の義挙によって早世した後は、奇兵隊を創設した高杉晋作の病死もあいまって、次第に白石家の没落が始まっている。廉作は白石家の尊王攘夷運動と商業の両活動の大半を兄に代わって取り仕切っていたため、廉作の死は正一郎にとってまことに大きな痛手であった。

廉作は兄に代わり、「薩摩藩御用達」になる基礎固めのために三度にわたって鹿児島に赴いている。その日程のほとんどは薩摩藩の製塩・製薬・綿布・煙草などの取り引きについての交渉のため、上は家老座衆から下は大久保利通をはじめとして、将来、藩政を担う青年層や町人にいたるまで、手落ちなく費やされている。

廉作が記した「薩摩第三遊日記」は、文久元（一八六一）年八月二十八日、下関を出発したときに起筆し、薩摩滞在中の十一月二十二日で擱筆している。その後の廉作の動きについては白石正一郎の日記をたどれば、「十二月二日、廉作が船三艘にて帰り来たり、金二万四千五百両持ち帰る」とある。右資金のうち三千両は白石家への拝借であり、二万両は御米買い入れの手当て、千五百両は早船十艘の引き充て、とある。

このことは、廉作が薩摩藩主以下重臣たちをも動かして「薩摩藩御用達」を取得しえたこと、彼が実に優れた交渉力をもった人物であったことを如実に物語る記述である。

白石家では、和歌や国学の素養のあった正一郎については、明治維新の陰の立役者として知名度があるものの、弟の廉作の評価についてはあまり知られてこなかった。

このたび多くの方々のご指導とご協力によって『白石廉作漢詩稿集』（恒遠醒窓顕彰会）を校註出版することができたが、高杉晋作や久坂玄瑞などを勇気づけて感激させ、自らも勤皇の志士として全身全霊をもって活躍した白石廉作の漢詩集が、多くの方々に読み継がれ、その存在が広く知られることを願う次第である。

白石廉作略年譜

文政十一年（1828）
七月二十日、卯刻、白石卯兵衛の六男として誕生。八月十日、常三郎と改名。後に廉作に改める

嘉永元年（1848）
二月二十八日、別家、白石健蔵資澄の娘延子を娶る

嘉永五（1852）
九月二十六日、父・白石卯兵衛に伴われて薬師寺村「蔵春園」に入塾

嘉永七・安政元年（1854）
八月十八日、「蔵春園」退塾。十月十九日、淀城下の荒井緑橋を訪い入塾。十月二十九日退塾

安政二年（1855）
二月一日、大徳寺詩会に赴き、大徳寺大綱長老に謁す。この間に多くの詩会にも席を得、京都に集まる全国の先輩や書生と交友。九月十六日、広島の吉村秋陽・斐山両師を訪れ、翌十七日入塾

安政五年（1858）
正月十五日、薩摩に出発

万延元年（1860）
白石家が薩摩藩御用達となるための基礎固めに奔走

文久元年（1861）
三月、薩摩藩主島津久光公に意見書ならびに「薩長御産物方御交易御張込意見書」を奉呈、大いに天下の形勢を論じた

文久三年（1863）
六月八日、白石廉作は兄正一郎とともに高杉晋作らが白石家にて組織した騎兵隊にただちに入隊。十月二日、澤宣嘉卿一行二十七名とともに三田尻を脱出。十月五日、新湊に着す。十月十一日、一行とともに生野の延應寺に集結。十月十一日、澤宣嘉卿の命を受けて、生野銀山町入りの交渉にあたるも、生野代官不在のため交渉進展せず。十月十二日、澤宣嘉卿を総帥として生野義挙に加わる。十月十四日、総督南八郎、戸原卯橘等十一名とともに事敗れて自刃

明治二十四年（1891）
兄、正一郎とともに正五位を追贈される。

手永大庄屋　曽木墨荘

曽木墨荘

はじめに

平成十九（二〇〇七）年三月二十日、福岡県豊前市大字大村の応龍寺山々麓に隣接する天地山公園の池畔で、曽木墨荘《そぎぼくそう》を敬愛する郷土史家、橋本和寛氏（豊前市在住）が発起人となって、「天隨忌《てんずいき》」が催された。

天隨とは曽木墨荘の墓石に彫られた法名である。そして三月二十日は墨荘の命日であった。当日は、曽木家とその姻戚にあたる矢野家の親族の方々と、墨荘と何らかの縁故のあった方々の子孫や、郷土史の研究家など十数名が出席した。そして応龍寺山の墓地に進み、文化・文政期から天保期にかけて活躍した小倉新田藩岸井手永大庄屋、曽木墨荘の墓前にて出席者全員が献花と香華《こうげ》をたむけ、墨荘と田能村竹田《たのむらちくでん》の親交を今に伝える竹田の大幅「梅花書屋図」に題する漢詩の献吟を行った。今では、郷土、豊前においても曽木墨荘の名は忘れ去られた存在であるが、彼は、江戸幕末期の豊前において、きわめて有能な農政家であった。今回は、多彩な人脈をもち、多能の才人として魅力ある生き方をした墨荘の知られざる人物像をご紹介したい。

曽木家の家系

曽木家は世襲の大庄屋であった。祖先は豊前宇都宮氏一族につらなる野仲氏の一族、遠入中務丞《えんにゅうなかつかさのじょう》の末裔といわれる遠入姓を名乗っていた。その後、曽木墨荘の父の円助の代に故あって曽木姓に改姓している。その系図を清原好嗣氏による「下毛郡曽木村遠入氏系図」などから繙《ひもと》くと次頁のようになる。

曽木墨荘は曽木家の長男でありながら、曽木家の家督を継いでいない。墨荘の父、遠入円助は、墨荘の母親が亡くなると後妻を娶っているが、このために墨荘は曽木家の家督を継ぐことを嫌って、漢学や医業の道を歩もうとしたと伝えられている。だが、その真の理

一

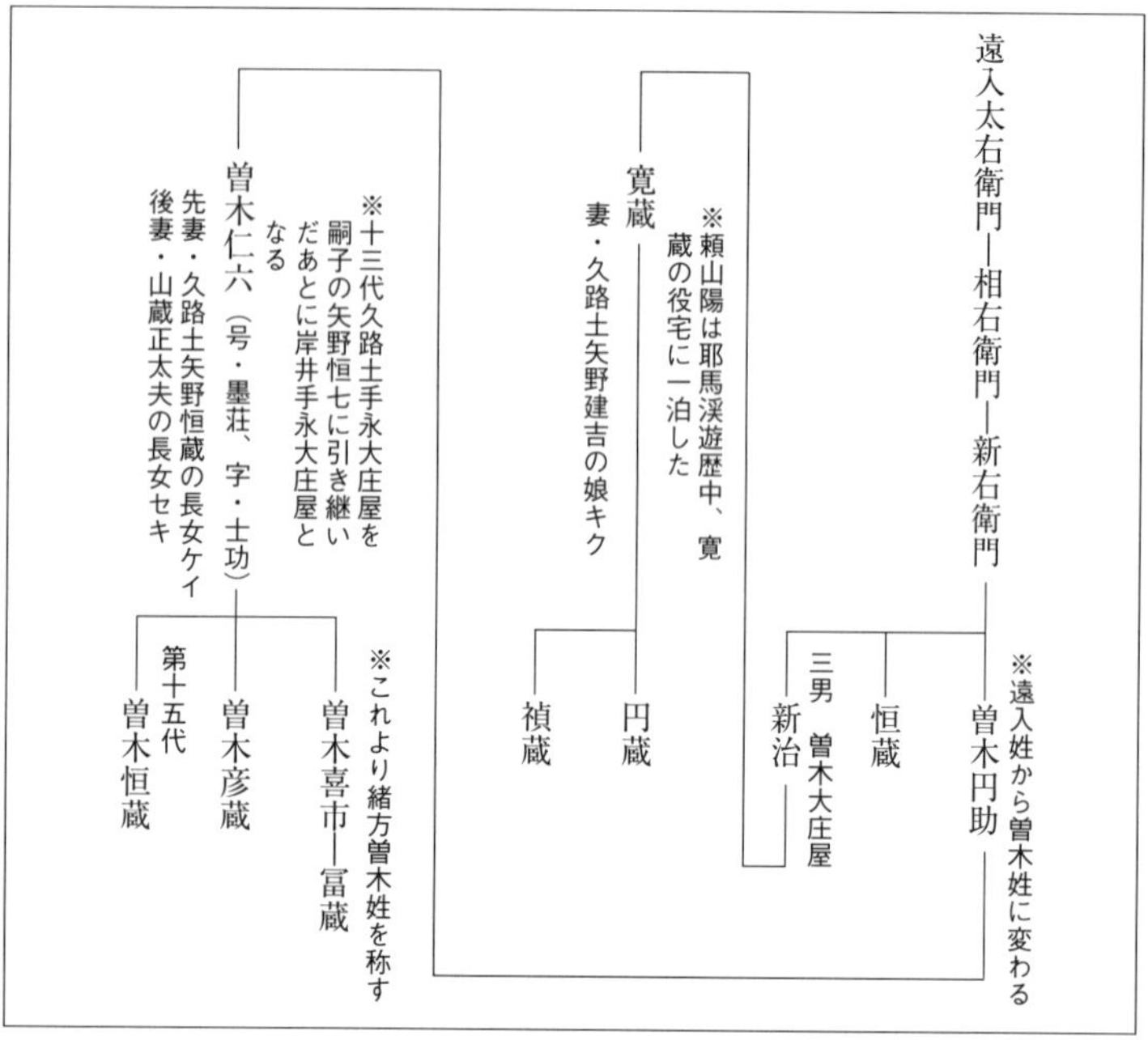

曽木家系図

由は明らかではない。

そして学問好きで有能であった彼は、後に述べる親類の矢野家の当主の死去により再び農政家の道を歩むことになる。代々、矢野家と曽木家は姻戚関係にあり、たがいに強い絆で結ばれていた。このことが墨荘を農政に引き戻すことになったのである。

曽木墨荘について

曽木墨荘は安永元（一七七二）年、下毛《しもげ》郡曽木村曽木組（現・大分県中津市本耶馬渓町曽木）に生まれた。

墨荘は幼いころから学問を好んだ。長男であったから、本来ならば大庄屋の職を継ぐべきであったが、その役職に就くことを好まず、医学に志し、あわせて漢学の道にも進む。十四歳になって後は、豊後中津藩の儒者、野本雪巌《のもとせつがん》、医者であり思想家でもある杵築《きつき》の三浦梅園などに学んだ。

その後、熊本に遊学して高木紫溟《たかぎしめい》に漢学や漢詩、画を学び、村井琴山《むらいきんざん》について医学を十三年間にわたって学んでいる。また、村井琴山には、弾琴の奥義をも受け継いでいる。

学問を終えた墨荘は、上毛《こうげ》郡緒方村（現・福岡県築上郡上毛町緒方）に住居を構え、その居宅を「豹隠亭《ひょういんてい》」と称した。医術を修得した墨荘は、その土地に医師として開業したものと思われる。緒方村において知識人としての墨荘は、その教養の深さから次第に藩内に知られるようになり、ついに緒方村の農政にかかわることになった。

緒方村大字緒方字上屋敷にあった豹隠亭は、地元では八石屋敷と呼ばれていた。墨荘が村方の役人として文化年間に住んでいた屋敷と伝えられるが、年代は詳《つまび》らかではない。八石とは、久路土《くろつち》（現・豊前市久路土）手永の子供役を務めていたときの墨荘の禄高である。子供役とは、大庄屋の役所に勤務し、金銭出納以外の大庄屋の事務を補佐した役職である。

この役は筋奉行が推薦し郡代が任免した。

『新吉富村誌』（新吉富村誌編集室編、新吉富村刊）には、「あの人のことを近住の人は『八石さま』と呼んでいた。ずっと昔、庄屋さんをされていたそうじゃ。字や絵や詩がごうなお上手で、寺子屋もなさっていたそうな。竹田《ちくでん》や頼山陽《らいさんよう》も泊ったことがあるらしい。八石さまのお墓が屋敷の内にあったが、藪《やぶ》のなかに埋まっていたので、このころ（昭和五十八年）薬師寺の楠原さん達が見えて、ムラの共同墓地の一番奥に移した。この曽木家のお墓の守は代々、初山家でしている」（初山タミ談）とある。その後、墨荘の墓は大村の応龍寺山の墓地に移された。

手永大庄屋としての墨荘

緒方村の時期、墨荘の先妻ケイの兄にあたる矢野建吉が、小倉新田藩領の久路土手永の大庄屋であったが、三十三歳の若さで病没したことから、墨荘の人生が新たな転機を迎えることになった。

小倉新田藩とは、寛文十一（一六七一）年、小笠原氏の小倉藩十五万石の第二代小笠原忠雄が家督相続のときに、築城郡《ついき》（現・築上郡築城町）内の二十二カ村一万石を次弟の真方《さねかた》に分封した支藩である。小倉新田藩が成立した後に、藩領は貞享二（一六八五）年、上毛郡の二十六カ村と交換されて、領内の農政は、久路土手永と岸井手永の二つで構成されていた。

矢野建吉が夭逝した後、その嗣子の恒七はいまだ幼少（九歳）であり、領内十三カ村を束ねる久路土手永大庄屋としての政務が執れないことから、墨荘はその中継ぎとして矢野家に入ることとなった。以来、文化八（一八一一）年より文政四（一八二一）年までの十一年間にわたり、農政の振興に業績を上げたのである。

そして文政五年、矢野建吉の嗣子、恒七が二十歳になったことから、墨荘は手永大庄屋の役職を譲っている。ところが小倉新田藩は彼のこれまでの功績やたぐいまれな力量を惜しみ、文政九年には岸井手永大庄屋に抜擢したのである。以後、仁政に努めたことが『築上郡史』にも記述されている。

墨荘と親しかった、中津藩医であり儒学者の松川北渚《まつかわほくしょ》との交情は「上善は水の若《ごと》し」とあるように、淡泊にして会えば酒を酌み交わし青樽を倒すほどに酣酔《かんすい》したとあり、相当の酒豪であったことが想像される。

墨荘は、天保九（一八三八）年三月二十日、岸井手永大庄屋の役宅において執務中に倒れて急逝した。享年六十七であった。法名は「釋天隨」とつけられた。『大漢和辞典』（大修館書店）によれば、「天隨」とは、「天が従う。天が理に従って行う（出典『荘子、在宥』）」とある。墨荘の法名は、これを天の意に隨《したが》うと解釈したものであろう。だとすれば、まさに十二分に才能を発揮した墨荘の生涯を物語る戒名といえよう。

彼は、久路土手永大庄屋と岸井手永大庄屋をあわせて二十七年間の長きにわたって勤めたことからも、農政を良くし、庶民を教化しつつ、風俗を正して治績をあげたことが想像できる。

しかし、彼の魅力はむしろ文人的な生き方にあったといえよう。彼は、頼山陽、田能村竹田、恒遠醒窓、松川北渚、また中津奥平藩にあって、甲州流兵学や山片《やまがた》流馬術の師範を務めた八條半坡《はちじょうはんぱ》、そして末広雲華《すえひろうんげ》上人など、天下の諸大家と酒を酌み交わし、詩文を唱酬し、絵を画き、琴を奏でるなど風雅で多彩な才能を発揮した。墨荘は生来、梅や蘭を愛する風流人であり、画人でもあった。とくに盆栽蘭を作っており、それを写した水墨画ではみごとな蘭を描いている。

頼山陽との交流

文政元（一八一八）年、頼山陽は広島藩儒であった亡父、頼春水の法要を済ませた後、九州遊歴の旅に出た。山陽の九州遊歴は一年あまりに及び、その間に「天草洋に泊す」や、「筑後河を下り、菊池正観公の戦処を過ぎ、感じて作あり」などの古詩をはじめ、多くの素晴らしい作品を生み出し、彼の漢詩人としての名声を不動のものとした。

墨荘が描いた蘭の水墨画（清原家蔵）

山陽は九州遊歴の旅の終わりにあたる十二月六日、下毛郡永添村の古城（現・中津市永添古城）、正行寺の末広雲華上人を訪ねて十六日まで滞在している。

雲華上人は浄土真宗の僧で、姓は末広、名は大含、また鴻雪、染香人などの別号がある。大分県直入郡竹田の満徳寺に生れ、天資穎敏《てんしえいびん》、風骨高邁《ふうこつこうまい》にて篤学を以て聞こえた傑僧であった。京都に遊学したときは、本山の学頭となり、声名隆々として、講経の余暇には詩文に耽り、花を愛し、書画では四君子《しくんし》の一つである蘭に最も長じていた。京都においては、彼を慕う頼山陽、朱子学者である篠崎小竹《しょうちく》、儒学者であり書家・文人画家の貫名海屋《ぬきなかいおく》など、名流たちと交流があった。また雲華上人は、田能村竹田と同郷のためにすこぶる親しい旧友であり、竹田と山陽もまた親しき仲であった。

このような機縁が豊前の文人たちとの新たな交流を生み出すことになったのである。雲華上人は全国的にも名の知れた傑僧であったから、当然、風雅を愛する墨荘も中津藩医の松川北渚などとともに、日頃からかなり親しい交流があっていたものと思われる。

山陽が正行寺に滞在の折り、雲華上人が山陽を山国渓谷探勝に誘った際、その道案内に依頼された松川北渚とともに墨荘も同行しているのである。

というのも、墨荘はもともと耶馬渓、青村の出身であり、奇観、景勝の地などを詳しく知っていたことから案内役としても適役であり、おそらく松川北渚に帯同を依頼されたのであろう。

そして文政元（一八一八）年十二月十二日、耶馬渓を訪ねた山陽、雲華上人をはじめ文人たちの一行は墨荘の実家にも一泊している。

今でこそ耶馬渓は、菊池寛の小説、『恩讐の彼方に』の青の洞門とともに、その名を全国に知られる景勝地であるが、当時は、「耶馬渓」という呼び名の地名はなかったのである。

頼山陽が、その奇観に驚嘆して海内第一の景と激賞し「耶馬渓」と命名して作詩した漢詩や、「耶馬渓図巻記」が、その名を一躍天下に知らしめることになった。

耶馬渓　　　頼山陽作

峯容面々趁看殊
耶馬渓山天下無
安得彩毫如董巨
生縑一丈作横図

峰容　面々　看を趁《お》うて殊なり
耶馬の渓山　天下に無し

安んぞ得たり彩毫《さいごう》　董巨《とうきょ》の如きを
生縑《せいけん》　一丈　横図を作さん

山陽は、耶馬渓の景観を激賞した「耶馬渓図巻記」を残しているが、長さ八メートルにも及ぶもので、その漢詩文において「居ること二日、含公（雲華上人）及び周山（松川北渚）、墨荘、大宣と古城を出て南行し、田坡《でんぱ》朧朧《こうろう》の間を行きて仙巌に至る（原漢詩文）」とあるなど、道案内をした墨荘の名前が随所に記されている。

このように、頼山陽の作品に墨荘は黒子的な役割でたびたび登場しているのである。山陽にとって墨荘は、印象に残る好人物であったに違いない。

田能村竹田との交流

墨荘と田能村竹田との交流は、彼が肥後熊本に遊学した際、ともに医学や漢学を学んだ学友という間柄であった。竹田は、幼名・磯吉、名は孝憲、通称は行蔵、安永六（一七七七）年六月十日、豊後直入郡竹田村（大分県竹田市）に生まれた。父は岡藩の侍医で、彼も父の跡を継ぐために医学の修業のために遊学中であり、そこでお互いに学友として知り合っている。当時、墨荘は、二十五歳であり、竹田は二十歳であった。お互いの友情は日増しに深まったと竹田は、自著「山中人饒舌　自画題語　竹田荘師友画録」（『日本絵画論大成』第七巻、ぺりかん社）につぎのように記述している。

袁亮、字は士功、墨荘と号す。豊前青村の人。予、熊府に於いて始めて相い識《し》る、時に詩を李教授に学び、医及び弾琴の訣《けつ》を琴山翁に受け、幾ばくもなくして業なりて小倉府に帰る。その人となりを聞き、命じて墨村に住し、農政を聴かしむ、居ること数年にして民庶《みんしょ》愛戴し、風俗大いに化す、再び命じて岸井村に移らしむ、亦《ま》た能声あること墨村の如し（原漢文）

「山中人饒舌　自画題語　竹田荘師友画録」とは、竹田が常に師友とする画人、一〇四名の小伝を漢文にて簡潔にまとめたものである。その畫録では、墨荘は、画人「袁亮」という画人名で収録されていることからも、画家としての技量においても竹田に認められた存在であったことがわかる。

「袁亮」の「袁」は、前述したように父の家系は遠入姓であり、墨荘が中国風に一字表記する際に中国姓に多く見られる「袁」の字を用いたものと思われる。

だが、墨荘の作った漢詩や書画は、多くは散逸してしまい現在まで残るものが極めて少ないのが惜しまれる。私は、墨荘の郷土資料をはじめ彼の事跡を調査したが、竹田のこの記述以上に墨荘の人物像を的確にうかがい知ることのできる資料は見あたらなかった。

この文中の李教授とは、高木紫溟のことである。紫溟の先祖は朝鮮王の庶族李氏から出たというので、李紫溟とも称した。彼は、当時、肥後熊本藩の画師としても才名が高かった。竹田の記述によれば詩文も優れていたのであろう。

また、琴山翁とは村井椿壽という熊本藩藩士の医官のことである。彼は琴山《きんざん》と号した。熊本藩の藩校（医学校）再春館《さいしゅんかん》の教授であった父の見朴《けんぼく》とともに医師としての名声が高く、また琴の名手としても他国にまで聞こえていた。この二人の人物が墨荘と竹田の漢学や医術の研鑽、書画や弾琴の技術修得にも大きな影響を与えたに違いない。

さて、当時、田能村竹田は、豊後の岡藩から他国への遊歴を始めた自由人であり文人画家であった。

竹田は天保三（一八三二）年五月、豊後竹田を出発し、大分、別府、立石、宇佐などを経て中津に入った。そこに滞在中、たびたび漢詩文のやりとりをして、互いの力量と評価を認めあった親友、頼山陽の訃報を聞いている。

竹田が旧友の墨荘を訪ねたのは同年十月の末であった。その後、岸井大庄屋の役宅に一カ月あまりも長逗留をしている。

しかもこのときの再会は、熊本で学友として過ごして以来、実に三十年ぶりであった。墨荘が手永大庄屋をしていた当時の岸井村の状況や庄屋屋敷での墨荘と竹田の風雅な交流の様子を、同じく『竹田荘師友畫録』に見ることができる。

客冬、予はその居に過り留まること三旬、土地平曠にして田野開闢せり、里落雑処し、雞犬《けいけん》相い聞ゆ、冬月暖気多く、春初の如し、士功、性、梅を愛し、後園を修治し、数株を培植し、泉を引きてその間に遶《めぐ》らす、傍に書室を築き、内に盆蘭を貯《たくわ》う、時に始めて花を放き、紅翠、相映して幽香座に満つ、士功、終日静座して詩を賦し、書若しくは画を作る、倦《う》めば琴を理《おさ》め、南薫《なんくん》を繰ること両三遍、事人間に希なり、子賤《しせん》単父の治も亦た、是に過ぎざるなり、作る所の詩及び書画は亦た必ずしも刻劃せざること

猶お民を理《う》め政に従うの法の如く、一に之を自然に聴くという（原漢文）

竹田が記述する「南薫」とは、天子のめぐみで天下が治まり、民が栄えることを歌った詩、舜帝が作ったという南風の詩「南風之薫兮」にもとづいている。

これを墨荘は、琴で三回も演奏したとある。

また、「子賤単父の治《しせんぜんぽち》」とは、古代中国における故事をいう。子賤は魯の人で孔子の門人。単父（地名）の邑長となったが、常に琴を弾じて堂より下らず、政治は信頼する適任の部下に任せて、よくその地が治まったという。

竹田は墨荘から直接に農政の方針を聞き、また彼の琴を聴きつつ、人を信じて農政を行っている墨荘の生き方を肌で感じ、ありのままに記述したのであろう。

さて、竹田が豊前に滞在した天保期には、すでに彼の名声が全国に高まっていたころであったから、上毛郡内の文人たちとの交流の会がたびたび催されている。そして上毛郡赤熊（現・豊前市赤熊）からは松川北渚、中津からは野本白巌、八條半坡などの諸子が訪れている。とくに松川北渚とは気性が合ったらしく、詩文の応酬も意気投合したやりとりとなっている。

また、野本白巌は、竹田との交流の模様をつぎのように記述している。

談歌謡に及ぶ。翁乃ち墨蘭一枝を画き、旧作朱蘭の謡十首を書して示さる。余を称して伯備となす。備は美と音同じきを以てなり（原漢文）

歌謡を談じ、書画に耽り、詩書を論じ、時には弾琴の披露もなされたことが想像される。また、竹田は三毛門《みけかど》手永大庄屋、別府毳門《べっぷぜいもん》の役宅における風雅な宴席に招かれたときのおもしろい逸話を残している。

「梅花書屋図」などの逸話

別府毳門は、廣瀬淡窓の私塾咸宜園《かんぎえん》に学び、豊前の私塾蔵春園の碩儒、恒遠醒窓とは格別に親交が深い。また醒窓の先輩となる間柄であった。

毳門宅で行われた詩友との会席では、竹田は詩を談じ、河豚《ふぐ》をご馳走になりながら酒を酌み交わして歓談した。その席上、竹田は出席した人々の望みに任せて百枚の絵を書き、これを一枚二朱にて頒《わか》つという書画会を余興として催したと言い伝えられている。

このために豊前地方の各家々には田能村竹田の書画と伝えられる水墨画が今でも残っているという。

また、墨荘は竹田を地元の文人たちとともに山国川（福岡県と大分県の県境にあり、その源を英彦山に発して耶馬渓から周防灘に流れる一級河川）の船遊びにも誘っている。

竹田が墨荘の役宅にひと月以上もの間、逗留することができたのは、墨荘との親交だけではないだろう。当時、豊前において、恒遠醒窓の私塾蔵春園や村上佛山の私塾水哉園《すいさいえん》を中心とする漢詩壇が隆盛を極めていたことから、頼山陽によって宣伝され全国でも名の知れた竹田を温かくもてなすような、文化的土壌が醸成されていたということである。

竹田は情の人であったとよくいわれている。墨荘をはじめとする文人たちとの交流と深い友情から、いつしか長い逗留となったのではないだろうか。そうした思いから竹田が岸井手永大庄屋の役宅に滞在中に描いた南画の大幅「梅花書屋図」が墨荘に贈られたのである。

その証拠として、「梅花書屋図」には竹田の筆跡にて図に題して、「天保三年十一月の初め、士功良友の為に墨荘を写す」とある。士功とは墨荘の字である。

左・田能村竹田筆「梅花書屋図」
右・「梅花書屋図」部分。画中の書斎で談笑するのは作者である竹田と墨荘（士功）であろう（出光美術館蔵）

その「梅花書屋図」は、縦五尺六寸、横二尺一寸の大幅である。画中には、墨荘の屋敷を画景に取り入れ、梅花を愛でながら談笑する竹田と墨荘とおぼしき人物が描かれている。竹田は一カ月あまりの逗留の後、小倉を経由して大坂に向かった。墨荘は竹田との別離がよほど名残り惜しかったのであろう、椎田（築上郡築上町椎田）まで見送って浜宮にて送別の宴を開いている。この別離の後、墨荘は二度と竹田と会うことはなかった。なぜなら竹田は、それからわずか三年後の天保六（一八三五）年八月、大坂の岡藩邸にて病没し、墨荘も同九（一八三八）年三月に病没したからである。

なお、墨荘に送られた「梅花書屋図」は、現在、国の重要文化財に指定されて出光美術館に収蔵されている。

むすびに

田能村竹田の著書『竹田荘師友畫録』には、墨荘のことについて書き記しているが、これを読めば、無理に角ばらず自然を大事にしながら、民をおさめ政《まつりごと》に従うに法の如くと、まさに彼の人物像を彷彿と窺わせるに足りる記述がある。

我々は、地道に地方の文化史を掘り起こしていると、思いがけず人生の達人たる魅力のある人物に出会うのである。

過去、曽木墨荘については、昭和十二（一九三七）年三月二十日、久路土役宅跡地において没後百年祭が行われている。それから約七十年の歳月を経て、郷土史家・橋本氏を中心として有志の方々によって曽木墨荘を偲ぶ「天随忌」が毎年催されることになった。「天随忌」を契機として、今後さらに墨荘についての研究の輪が広がることを期待する次第である。

曽木墨荘略年譜

安永元年（1772）
豊前国下毛郡曽木村の大庄屋遠入円助（のちに曽木と改姓）の長男として生まれた

天明五年（1785）
十四歳になった墨荘は豊後中津藩の儒者野本雪巌、杵築の三浦梅園に学んだ。その後、熊本に遊学し、高木紫溟に漢学や画を学び、漢詩を李教授に学んだ。また村井琴山に医学を十三年間にわたって学び、あわせて弾琴の奥義をも受け継いだ。学問を終えた墨荘は上毛郡緒方村に住居を構えた

文化八年（1811）
墨荘の先妻ケイの兄にあたる矢野建吉が小倉新田藩の久路土手永の大庄屋であったが夭折した。嗣子の恒七が幼少であったために政務がとれないことから、その中継ぎとして矢野家に入った。以後、文政四年まで十一年間にわたり農政の振興に業績をあげた

文政元年（1818）
十二月、頼山陽が九州遊歴の途中、中津の正行寺雲華上人を訪ねた際、山国渓谷探勝に案内した。山陽は

その景勝を耶馬溪と名付けた。このときには墨荘も道案内として同行し、同月十二日、墨荘の実家にも一泊した

文政五年（1822）
矢野健吉の嗣子恒七が二十歳になったことから、手永大庄屋の役職を譲った

文政九年（1826）
小倉新田藩は墨荘の業績をかって岸井手永大庄屋に抜擢した

天保三年（1832）
十月、旧友であった豊後竹田藩の田能村竹田が上京途中に墨荘家を訪ねて一カ月間ほど逗留した。その間に竹田は南画大幅「梅花書屋図」を描きあげて墨荘に贈った

天保九年（1838）
三月二十日、岸井手永大庄屋の役宅にて執務中に倒れて急逝した。享年六十七

傑商万屋　乗桂・小今井潤治

小今井潤治

はじめに

ＪＲ日豊本線宇島駅前交差点から旧国道10号線を豊前市八幡町交差点へ向かい、求菩提山に上る県道１１３号線を約百メートルほど上ると、左手に市立八屋中学校がある。同校と県道を挟んだ反対側の小道を少し上った丘陵地に、浄土真宗の私立大学教校乗桂校旧跡の記念碑と、小今井潤治翁の胸像がひっそりと建っている。その前にはフェンスで囲まれた広い空き地があり、その脇を通る小今井通りは、おもに地元の人が利用するだけである。

広大な敷地であった乗桂校の跡地には社宅が建ち、道路も整備されている。大正五（一九一六）年十月には、左手に念珠を持ち、宇島港を望んでいる小今井潤治翁の見事な銅像が建設された。しかし、この銅像は残念なことに大東亜戦争で供出され、現在の胸像は有志によって再建されたものである。

巨万の富を惜しげなく社会事業などに投じた宇島の豪商、万屋、小今井潤治の生涯を知る人は地元においても少なくなっている。

今回は、幕末から明治にかけて豊前の傑商として豪胆かつ波瀾な人生を送った、小今井潤治翁の生涯を紹介したい。

小今井潤治の胸像（撮影：松田博文氏）

宇島築港の経緯と豪商万屋について

小今井家の繁栄を語る前に、当時の豊前国を治めた小倉藩と、隣藩の中津藩との替え地の問題のいきさつ、そしてまた宇島築港にいたった歴史的な経緯について触れておく必要がある。

幕末の文化・文政期には、小《こ》祝《いわい》浦《うら》

（現・中津市）は、高浜村（現・築上郡吉富町）の村内にあり、地続きに半島のようになっていた。小倉藩と中津藩との境界は中津城（別名扇城）の側を流れる高瀬川（現在の一級河川、山国川）があり、明暦・寛文年間の大洪水により、現在の上毛町から分断されて、小祝浦はちょうど飛び地のようになっていた（その後、完全に分断されたのは、明治二十二〈一八八九〉年七月の大洪水であった）。

文政三（一八二〇）年、中津藩主奥平大膳大夫昌高は、小倉藩主小笠原信濃守忠固《ただかた》に「小祝浦を替え地して欲しい」と親書をもって申し込んだ。この親書の理由は、小倉藩領の小祝浦の住民と中津藩内の住民が、よく喧嘩口論をして事件の裁きに困るので、中津藩としては領内のいずれの土地でも好いので、交換して欲しいという内容であった。

しかし、本意は小祝浦が中津藩にとって要害の地であり、かつ、欲しい港地であった。しかも、これまで両藩との間には再三、小祝浦にからんで物議をかもす問題もあったことから、小倉藩としては中津藩からの申し入れをすんなりと受け入れることはできなかった。

小倉藩主は、重臣を集めて慎重な審議を重ねた結果、郡代であった杉生十右衛門貞則の献策を採用して上毛郡赤熊村の鵜の洲（現・豊前市宇島）に港を築き、小祝浦の住民を移住させることで、替え地の申し入れを断る議を決した。そして同年、幕府に対して築港の請願書を提出した。その結果、翌、文政四年三月には老中水野出羽守忠成より免許状が交付されている。これにより小笠原信濃守忠固は、信任の厚かった杉生十右衛門貞則を築港普請の総監督に任じ、同年八月に築港に着工した。

しかし、周防灘にある豊前海は遠浅であったため、藩の威信をかけて大港を築くという大工事は、数回の台風襲来などで防波堤が決壊するなど、艱難辛苦の連続であった。総工費二万四〇五〇貫（内領内より献金一万八五〇〇貫）という巨額な費用と、総延べ人夫数二十二万余という人員を投入した結果、文政十年正月に、三つの波止と水面三町二反余の宇島港が竣工した。

小今井潤治翁肖像（関正義氏所蔵、撮影：松田博文氏）

鵜の洲のある八屋村は、十九世紀初頭は商家はあったものの宿屋も茶店もなく、うどん屋が一軒あるだけのさびれたところであった。だが、築港によってその地は一変した。文政十一年四月には宇島の築港と町立に成功し、旧鵜の洲を宇島と改称して、小祝浦より二百軒、高浜より漁人三十軒の移住を完了させ、また、諸国より九十七軒が転住し、三二七軒に及んだという。

移住してきた漁家などには、郡代、杉生十右衛門貞則より、それぞれ間口三間、奥行き六間の区画と、一軒につき金二貫ずつが与えられたという。また諸営業には、当分、無税の特典が与えられたため、築港後の宇島は発展著しいものがあった。つねに千石船が入港し倉庫も建ちならび、料理屋、遊郭なども軒を並べ、弦歌が昼夜なく続いたという。

わずか半世紀後には蔵所や郡屋・番所・社倉・御茶屋、そして牢屋まで完備した港町に発展し、明治初期には全盛を極めたという。

このときに小祝浦から宇島に移住した小今井家には、杉生郡代の築港に尽力した功労もあり、祝町広小路に広大な家屋敷が与えられた。以来二十一世帯が居住し、万屋の屋号で米穀商・酒造業等を営み、次第に藩の御用商人として活躍することになったのである。

豪商万屋・小今井家の家系

万屋の先祖は仲津郡（現・行橋市）今井村の漁民であり、正徳年間（一七一一－一六）

に小祝浦に移住したという。曾父、亀安助蔵は享和年間（一八〇一－〇四）には小祝浦の方頭役を務め、村で獲れた魚を中津城下で販売するに際して「小祝浦世話方惣代」を務めるなど、同浦の指導的な立場であった。しかし、早世したため、弟の亀安助右衛門は、文政十年に竣工なった宇島港に移住し、前に述べたように万屋の屋号をもって広小路に居を構えた。回船問屋として七、八艘の帆船を持ち、良質の豊前米を船積みして大阪・兵庫方面に出荷して、まさに日の出の勢いで財産を築いていった。

しかし、助右衛門には子がなかったため、実弟の亀安善七の三男であった助九郎を養子に迎えたのである。

小今井潤治について

小今井潤治を顕彰した銅像台座の碑文は、中津市蠣瀬《かきぜ》、照雲寺の住職であった松島善海和上のものである。この撰文がもっともよく彼の業績と人柄を伝えている。この碑文の内容を盛り込みながら述べてみたい。

小今井潤治は、文化十一（一八一四）年八月十六日、上毛郡小祝村の中万屋こと亀安善七の三男として生まれた。諱《いみな》は末広、通称助九郎、後に潤治と改め、別に亀遊と号した。幼にして穎悟《えいご》（才知が優れて賢いこと）であったため叔父の小今井助右衛門が養って嗣子となし、長女ワサ子をもって妻に配した。天保七（一八三六）年五月、養父助右衛門の死去により助九郎（潤治）は二十三歳で家督を相続している。

以後、奮起節倹に努め、天保九年十月、小倉藩の小笠原氏から大庄屋格と五人扶持が与えられ、翌年正月には格式大庄屋に命じられた（「万屋文書」北九州市立博物館蔵）。彼は、小倉藩のみならず、支藩の千束藩（別称小倉新田藩）、中津藩にも多額の献金をし、小倉藩主からは永代名字帯刀を許され、次いで藩上士、馬廻り格の栄職に列せられている。

（辛島並明『偉人小今井乗桂翁』大江印刷所）

さらに天保十一年には上毛郡御蔵本（蔵屋敷に出入りして年貢米などの収納を取り仕切る役）となった。

慶応元（一八六五）年には、亀安の姓を小今井姓に改めた。明治九（一八七六）年、六十三歳のときには、西本願寺二十一世門主、明如（大谷光尊）上人より乗桂という法名を賜った。

乗桂の「乗」とは、すなわち仏法を乗せる船等の乗物のたとえであり、煩悩・業・苦の生死の大海にあって苦しんでいる衆生を乗せ運んで成仏の境涯に任せしめること（『仏教哲学大辞典』第三巻）。「桂」とは、肉桂《にっけい》や木犀などの総称であり、月桂樹などの香木もさす（『大漢和辞典』第六巻）とあるから、まさに篤信にして社会事業に尽力した彼にふさわしい法名と言えよう。

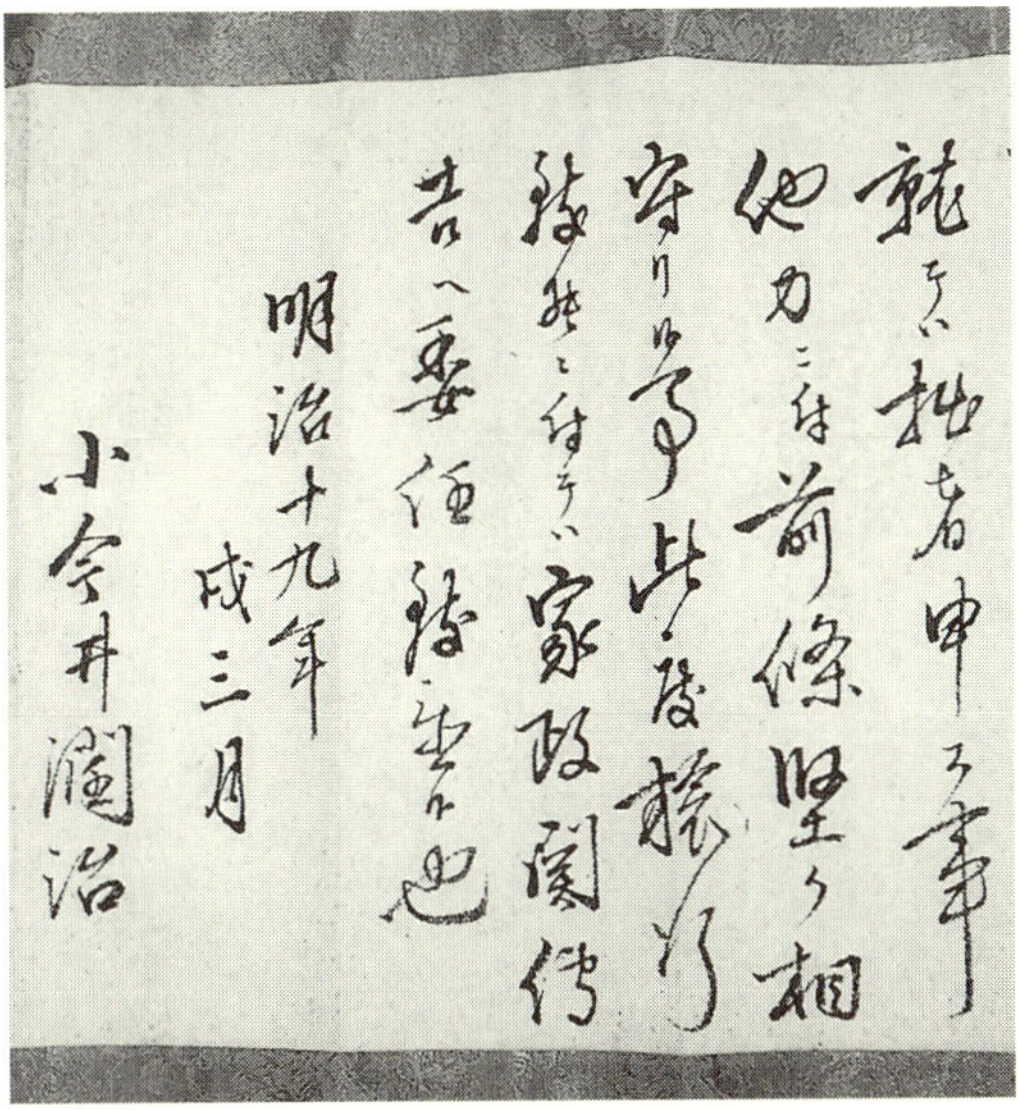
明治十九年
戌三月
小今井潤治

小今井潤治自筆の書状「潤治死亡後永続規則」（関正義氏所蔵）

篤信者であった潤治は、明治二年、西本願寺の勘定方に就任し、本願寺の経営にも深くかかわった。翌年、明治天皇即位の費用として、西本願寺の名義で大阪の小橋屋と共に一万円ずつ献納し、至誠を示している。また地元豊前の社寺に対しても、八幡古表《こひょう》神社の拝殿、産土神社の御輿、松江正法寺の庫裏《くり》をはじめ、数多くの寺に本堂を建立して寄進をしている。また宇島町立尋常小学校の建築費として多額の寄附をしている。

明治二十年七月十三日、大阪の小今井大阪支店において、ふとした病から急逝した。七十四歳であった。

同年七月十七日、宇島の櫨《はぜ》山において葬儀がなされ、三男の宗治が家督を相続した。昭和六十（一九八五）年当時、乗桂教校の墓地にあった潤治の遺骨は、その後、同家の菩提寺である東京築地の本願寺に葬られたという。

潤治には三人の男子、助七・正広・宗治がいたが、長男と次男は早く亡くなった。また四人の女子があったが、やはり早く亡くなっている。おそらく潤治とワサ子夫婦の苦悩は、小今井家の後継ぎとなるべき健康な子供に恵まれなかったことであろう。

小今井潤治は商才のあった養父助右衛門をはるかに凌ぐほどの、豪胆な商才を発揮した人物であった。天保年間には、米穀商のほかに造り酒屋、質商、板場などを手がけ、家業はさらに繁栄していった。醸造した千石の酒は、主として伊予、宇和島に販売され、万屋の酒として名高いものであった。

小倉藩から「大庄屋」という格式を与えられたことにより、小今井家は上毛郡限り通用の「宇島万屋札」という私札の発行も許され、藩内第一といわれる豪商の一人となった。

慶応二（一八六六）年、小倉藩は長州藩との戦争のため、領民から軍艦調達資金の献金を募った。友枝・三毛門両手永からの献金は、八七二六両二歩であったが、潤治はその約三分の一にあたる三千両の大金を献金している（「御軍艦御買入に付き献金名前書上帳」『友枝文書』）。まさに豪商の面目躍如たる活躍ぶりである。

松島善海和上が撰した小今井翁の銅像建立の銘にはつぎの如く書き記している。


豊に偉人あり、商界の傑、冨、鉅万《きよまん》を致す、厥心《けつしん》高潔、常に公益に図り、万金、屢々捐《す》す、恤窮《じゆつきゆう》、衆を済《すく》い、恵沢普《あまね》く延ぶ、夙《つと》に三宝を敬い、浄信堅固にして黌《こう》を建て英を育す、法城維れを護り、郷民は追慕す、像を鋳、碑を樹て千載に遺徳し永く英姿を仰ぐ

いかに彼が豪胆な商人であり、信仰心の篤い高徳の人物であったかを窺い知る撰文である。

潤治は晩年、尺余の長い白髭を垂れ、これを最も大事にした。それを保護するために、

自宅にあっては常に耳から紐に下げたビロードの布に包んでいたという。趣味としては「何時も人の心玉を研くにあり」という意味から、宝珠の玉を描くのに余念がなかった。彼の死後、長櫃一杯に宝珠の絵画が残されていたという（『偉人小今井乗桂翁』）。彼の仏心のあふれた奥ゆかしさが察知されるところである。

万屋の諸事業

養父の助右衛門の代には、回船問屋として、九〇〇石積の万幸丸・六〇〇石積の万福丸と万吉丸・四五〇石積の万栄丸・万神丸・万力丸とほかに、大宝丸と呼ばれた七艘の帆船を持ち、船にはみな万屋の㋮の旗を翻した。ときには北海道まで乗り出すなど海運業において大いに発展した。

潤治の代になると、さらに明治十一年には、龍丸と大龍丸という二隻の蒸気船を建造し、宇島と大阪との間に航路を開いて、大阪には小今井大阪支店を設置した。これは三菱に対抗するために潤治が画策したもので、説得された住友家の吉左衛門、同家支配人の広瀬宰平、八幡浜の田中平八郎とその他の諸氏とともに発起したものであった。彼のその機知・

上・旧小今井邸仏間の欄間彫刻
下・旧小今井邸仏間の天井絵（撮影：共に松田博文氏）

商略・豪胆さには三菱の岩崎弥太郎をして感嘆させたと伝えられている。

また、明治十八年には、持ち船を大阪商船合資会社に現物出資し、米穀商として良質な豊前米を船積みして大阪方面に出荷。豪商の鴻池や葛調、兵庫の米穀商、北風、金披などとも取り引きし、下関にも出入りしている。また酒造業を起ち上げて、その酒は、主として愛媛県へ出荷した。

しかし、過剰設備のために明治十八年に資産状態が悪化（「東京日日新聞」明治十八年七月三日）し、相当額の損失を被った。このため、明治十三年同家の経営再興のため、「経営改革勤倹節約の文書」をしたためている。

この大阪商船合資会社はその後、海運界に飛躍的に発展した大阪商船株式会社の前身となったのである。

ところで、藩の御用商人は藩と運命共同体的な存在でもあったために、幾度となく窮乏した藩からの多額な献金に応じる必要があった。たとえば、宇島の万屋・行事の飴屋・大橋の柏屋・小倉の中原屋の四家は小倉藩の特権商人として、商業取引や地域開発によって大きな利益を得、その分莫大な献金をなして士分に列せられた。

潤治が小倉藩との関わりがあったことを示した文献資料がある。『中村平左衛門日記』

によると、天保二年、藩の財政難を克服するための策として年貢米引き当てを約束した「代銀先約契約（先物取引）」を行っていることである。小倉城下の商人であった出雲屋与兵衛は、企救郡で八〇〇石をもらい受けるほかに、築城・上毛郡でも引当米を受け取り、総高は四〇〇〇石にも上った。このときに万屋は、上毛郡の出米の過半数を受け取る手はずであったという。弘化二（一八四五）年の上毛郡の年貢米は八屋蔵と宇島蔵に納められたが、その数量は両蔵を合わせると九一四〇石と計上されている。（「御用方日記」『友枝文書』）

天保九年、江戸城西の丸焼失により、各藩に献金の達しがあった。このときには小倉藩内に二万五〇〇〇両が割り当てられた。そのうち七〇〇〇両は万屋、五〇〇〇両は行事の飴屋が引き受けた。慶応二年、長州との戦争によりに小倉城を自焼した小倉藩は、藩庁を一旦は香春に移し、さらに明治三年に豊津に移転した。その際潤治は藩庁の普請見舞金二万円を献納している。

明治四年の廃藩置県と同時に宇島港の管理と修理は地元に移ったが、明治二十九年の郡制施行のときまで万屋がその維持管理費用をかわって負担している。たとえば宇島波止場の突端に灯明台（灯台）を設置し、航海の安全にも寄与した。しかし、この灯明台は第二次世界大戦中に海軍により強制撤去された。

社会事業への貢献

小今井潤治の年表を見ると、彼が献身的にいかに数多くの社会事業に尽した人物であったかということを如実に知ることができる。

小倉藩・中津藩・千束藩（小倉新田藩）などに莫大な献金をしたことのほかに、社会の慈善事業には枚挙にいとまがないほどである。

明治十六年からは、彼が没するまでの五年間、宇島西明神町に私費で施薬病院を開き、医師（院長・青木丹平）を雇い医療器具にいたるまでことごとく自費をもって便を図り、困窮者には診察料と薬代を無料にして救済に努めた。その当時の費用にして二万七〇〇〇円を支出している。

明治十七年には全国的な飢饉となったが、二年間にわたって無制限に炊き出しをして施米を行った。このため貯蔵米が不足したが、なお粥にして支給したといわれている。このときの施米は毎年、四一〇石と八〇〇〇余円であったと顕彰碑に刻まれている。

「小今井家事蹟」によれば、数多くの社会事業にも貢献していることが一目瞭然である。たとえば、宇島町の水路を開墾して火災防御の便をはかり、下水溝も開通させている。弘化三（一八四六）年五月二十二日、暴風雨により、宇島港の波止場が決壊した。このときには長さ四十間の波止場を増築して大改修を完了した。この年には小倉藩の藩財政困窮により、五〇〇〇両を献納している。また明治元年には、職に困っている窮民のために、わざわざ埋立事業や土木工事を興している。明治八年、宝来町の火災で家が焼失した窮民のために義捐金《ぎえんきん》を出し、同様に土木工事を興している。

当時、豪商といわれた人物で、彼ほど巨額の財産をおしげなく「浄財」として社会事業に遣った偉人は数少ない。

浄土真宗への帰依と乗桂教校の創設

小今井潤治は三宝に帰依した篤信の人であった。明治八年、政府より出された「信教の自由保障」の達示により仏教の前途を憂い、宗門の急務はひとえに人材の育成にありと考え、独力で浄土真宗の私立大学教校を開校する決心をした。

乗桂教校に至るまでの経緯を見ると、まず、真宗教育のために設立されていた宇島説教所（現・教円寺）内に、明治十年三月に開闡《かいびゃく》教校が開校されている。

そして二年後の明治十二年七月に、小今井私立仏教大学乗桂校が元山（又は長願山）に開校されたのである。

『偉人小今井乗桂翁』によれば、乗桂校の規模は宏壮なる講堂・和上室・教員室・学寮四棟・炊事場を新築し、小今井家の邸内にあった十六間の大倉庫（酒倉）を切り崩して移転・改造をした。講堂の正面の台座には金色燦然たる阿弥陀如来を安置し、鴨居には明如上人の御染筆になる由緒深い開闡教校の題大額を掲げ、名を小今井乗桂校と名付けた。授業料は無料であり、きわめて貧しい学徒には衣類から食費一切まで支給し、真宗の教義を学ぶために終業年限も学徒各自の才量による任意制とした。そして厳粛なる校則から諸般、ほか教校として必要な仏壇や仏具など、あらゆるものを完備した。明治十二年七月、豊前法中をはじめ、「遠近より多数参列の下に、豊前地方は旱天の慈雨を得たるが如き歓喜に法都を迎え最も盛大に開校式を挙行して開校した」と記述されている。

このとき、小今井乗桂校の教授には、豊前薬師寺の漢学私塾蔵春園の碩儒、恒遠醒窓に学んだ西光寺の名僧、東陽円月をはじめ、恵美円珪、福田行忍、田丸慶忍、大江琢成、高橋覚成、種田了覚、井上宝毫など、また漢学では醒窓の後、蔵春園を継承した嗣子の恒遠精斎のほか、亀田熊吉、本間明などの錚々たる碩学の師がこれにあたり、学徒は豊前に止まらず全国各地より馳せ参じた。まさに九州における真宗の一大教育拠点として発展したのである。

また、僧徒教育のために、明治五年に九州では初めて鉛活字を用いた印刷を行い、書籍などの複製を行ったと伝えられている。

この学校に費やされた費用は、明治二十年に彼が死亡するまでの十年間、当時の金で二十五万円であったと「小今井家事蹟」に記されており、まさに彼の終生の大事業であったことが窺える。そして乗桂校で学んだ学徒は延べ一五〇〇人を超えたという。なかでも雲山龍珠、杉紫明、永野龍猛勧学は名僧として有名である。なかには鹿児島や北海道の地で布教に従事した人々も多々あったのである。潤治が死亡した後は、経営困難に陥り、前の開闡教校にかえり本山の補助を得て維持されたが、明治二十六年七月二日、未亡人のワサ子刀自が死去して閉校となった。

小今井潤治の生活信条

小今井潤治は、ひと言でいえば蓄財を念頭におかず、社会公共に益する報恩行（恩にむくいるための行い）をモットーとした人物であった。公共のためには思い切って浄財を遣ったが、家にあっては勤倹力行に努め粗食に甘んじていた。たとえば一家の食事は、番頭をはじめ多数の従業員とほとんど同席にて同じものを食べて、自分のみ美食をなすことはなかった。粗食のみならず、衣類は堅い織りである紬《つむぎ》がよれよれになるまで着用していたという。明治十七年に同家を来訪した岸良俊介福岡県令に対して「公職にあるもの又は人の上に立たんとするものは私心を絶つべきものだ」と戒めるごとく言ったと伝えられており、彼の高い品性を窺わせる実話である。

しかし、質素のなかにも仏間は荘厳華麗であり、かつ清浄にして、毎朝、礼讃をなし、家族もみなその後に列座して勤行したという。また高僧を自邸に招き法話を聞くのを無上の楽しみにしたという。旧小今井邸として現在、唯一現存する仏間の欄間装飾には、みごとな黄金の龍の彫刻がほどこされ、また桝目に仕切られた天井には狩野派の絵師の作と伝えられる多数の色彩あざやかな草花が描かれている。

『偉人小今井乗桂翁』には、潤治の信条ともいえる自詠の歌があり、「我はこれ智なし、徳なし、愚なれど母《も》、心の中は金剛の珠」と詠んでいる。これを、賢明寺の大江哲成前住職は、著『妙好人、小今井乗桂翁』（私家版）のなかで、彼を「英傑にして末世の妙好人であった」と述べている。

明治十八年一月に書き残した「潤治死亡後永続規則」には、六カ条が盛り込まれているが、要約すれば阿弥陀如来の信仰を続け、日々質素節倹に努め、財産が増えてもみだりに奢ることなく、常に天理を畏れ人倫を守ることを伝えている。

隠れた逸話

北前船の米十万俵の買い占め

商才のある人物は、その人柄を彷彿と思い起こさせる逸話を残すものである。小今井潤治の豪胆さと果断さを物語るものとして、明治六、七年頃、北国から馬関（下関）出廻りの北前船（米穀船）の米四万石、すなわち十万俵を買い占めて巨万の富を得たという。このときには馬関の米穀商人達を唖然とさせたと伝えられている。

万屋中風薬

小今井潤治は、明治五年六十歳のときに中風症に罹り、言語不明瞭と軽い半身不随になったという。そこで治療のため人の勧めによって取り寄せた大阪、中村序助氏製の中風根切薬を服用したところ、たちまち病気が治ってしまった。その顕著なる薬効を体験した潤治は、その薬を当時の金額で三百円分を購入して、自分の難病を治した謝恩の意味もあってか、同病者に対して施薬を三年間行ったので、いつしか「万屋中風薬」として有名になったという。

五十八基の梵鐘鋳造

慶応元年の長州藩との戦いに敗れた小倉藩は、小倉城を自焼して企救郡境の香春口にしりぞき死守を固めた。そのため領内六郡より農兵を募り、藩内の寺院から梵鐘を徴発して大砲を鋳造した。このために小今井潤治は豊前地方で梵音の鳴る音を聴けないことを憂い、自らの手で梵鐘を再び鋳造することを決意した。彼は大阪の仏具鋳造所に注文し、明治五年の初夏、手持ちの船により、実に五十八基もの梵鐘を宇島港にあげて、それぞれの真宗寺院に寄納させた。しかし、この梵鐘も大東亜戦争により再び徴発され、今では実物を見ることができなくなってしまった。

左甚五郎作の大黒天木像

小今井潤治がことのほか西本願寺門主、明如上人に寵遇されていたという逸話が残っている。明治四年八月、明如上人が九州に巡教された際、宇島の教円寺にも巡教をしている。そのときに潤治は明如上人から西本願寺の大仲破風《はふ》（屋根の切妻にある合掌形に作る装飾板）にあったという大黒天木像を賜っている。この大黒天木像は約二尺五寸で、名工左甚五郎の作と伝えられており、『偉人小今井乗桂翁』の口絵写真に掲載されている。

むすびに

小今井潤治は、九州の素封家と云えば、必ず「宇島の万屋」と呼ばれたほどの大富豪であった。しかし、現在ではその存在が豊前地方においてもまったく忘れ去られている。

彼は事業で得た巨額の収益を惜しげもなく社会事業に還元した。また篤信にして真宗に帰依した偉大な人物であった。しかも自己の生活はまことに質素なものであったと伝えられている。彼こそまさに傑商というに名にふさわしい偉人であった。

献金などの功労を賞されて、藩主から拝領した名刀や軸物、紋付き衣服などのおびただしい宝物類は、いずこにか消え失せて、今日、見ることはできない。

今回の著述にあたり、各図書館の文献資料や関係著書などを調査したが、これだけの偉大な人物にもかかわらず、若干の参考文献はあったものの、十分な資料を見つけることができなかった。そこで直接、現地におもむいて資料の収集にあたる必要があった。今回の取材では、郷土史家・橋本和寛氏に現地調査の同行にご協力をいただき、白石利氏からは、小今井旧邸にわずかに残った当時の荘厳、仏間を見学させていただくとともに、同家についての資料提供、あわせて貴重なお話をお聞きすることができた。

また、長年、小今井家について研究をされている郷土史家・是木駒男氏には、これまで研究された資料を参考にさせていただき、辛島昌夫氏には稀覯蔵書『偉人小今井乗桂翁』等を閲覧させていただいたことを付記し、ご協力くださった皆様に感謝致します。

小今井潤治略年譜

文化十一年（1814）
八月十六日、中万屋亀安善七の三男として上毛郡の小祝村に生まれた

文政三年（1820）
小祝浦より鵜の洲赤熊に移住

文政六年（1823）
杉生十右衛門により宇島港落成

天保七年（1836）
養父亀安助右衛門の死去より、家督を継いだ。上毛郡限りの私札「宇島萬屋札」を発行

天保九年（1838）
小倉藩から大庄屋格と五人扶持が与えられた。翌年、格式大庄屋となる。小倉藩主から永代名字帯刀を許される。中津藩や小倉藩の支藩である千束藩にも多額の献金をなした。江戸城西の丸焼失により各藩に献金の達しあり、小倉藩内に二万五千両がわりあてられ、七千両は万屋が、五千両は行事の飴屋が引き受けた

天保十一年（1840）
上毛郡御蔵本（蔵屋敷に出入りして年貢米などの収納を取り仕切る役）となる

弘化三年（1846）
五月の暴風雨により決壊した宇島港の大改修にあたる。さらに小倉藩財政困窮のために五千両を献納した

慶応元年（1865）
亀安潤治の姓を小今井潤治に改めた

慶応二年（1866）
小倉藩は長州藩との戦いに敗れたため、軍艦調達資金として、友枝、三毛門手永からの献金は八千七百二十六両二分であったが、その三分の一にあたる三千両を献金した

明治二年（1869）
西本願寺の勘定方に就任し、明治天皇即位に西本願寺名義にて一万円の献納をした

明治四年（1871）
廃藩置県により宇島港の管理と修理は地元に移った。同二十九年まで万屋が費用を負担した

明治五年（1872）
九州で初めて鉛活字を使用して僧侶教育に導入し、書籍の複製に尽くした

明治九年（1876）
西本願寺門主明如上人より乗桂という法名を賜る

明治十一年（1878）
三菱に対抗して龍丸、大龍丸という二隻の蒸気船を建造し宇島と大阪の間に航路を開いた

明治十二年（1879）
独力により真宗再興のために小今井乗桂校（真宗大学校）を元山

（長願山）に開校

明治十六年（1883）

宇島西明神町に私費で施料病院を開き、没するまでの五年間、貧民救済に尽くした

明治十七年（1884）

全国的な飢饉に際して、二年間にわたって無制限に炊き出しをして窮民の救済にあたった（この時の施米は四百十石と八千円と顕彰碑に記されている）

明治十八年（1885）

持ち船を大阪商船合資会社に現物出資、豪商鴻池等と取引した。酒造業をたちあげる。大阪商船会社は過剰設備投資により資産悪化し、小今井翁も相当の損失を被る

明治二十年（1887）

七月十三日、大阪小今井支店にて病により急逝。法名、宝珠院乗桂居士

天稟の傑僧　末弘雲華上人

末弘雲華

はじめに

　雲華《うんげ》上人といえば、文政元（一八一八）年、九州を遊歴した頼山陽を耶馬渓に案内した僧侶ということでその名を知られている。ところが、雲華上人がたぐいまれな才能を持ち、風雅に満ちた生涯を送った人物であったことについて多くは知られていない。

　彼は、真宗大谷派の傑出した学僧として、また、豊前中津藩の名刹正行寺の住職として高雅な地方文化を築くために、大いなる貢献をなした人物として、数々の逸話を残している。

　今回は、僧侶という戒律の枠をはるかに超えて、人間らしく充実した生き方をした彼の

正行寺本堂（撮影：古屋保氏）

生涯と、とくに親密に交友した著名な人物について紹介したい。

古刹正行寺の寺歴

雲華上人が住職を務めた正行寺は、旧豊前国下《しも》毛《げ》郡古城（現・中津市永添）にあり、山号を城慶山という。『両豊記』、『宇佐郡記』などによれば、天正のころ、末弘対馬守正行という小城主がいたが、天正七（一五七九）年、城井谷の宇都宮鎮房《しげふさ》の一族であり、津民村の長岩城主であった野仲鎮《しげ》兼《かね》に攻め落とされた。

城主対馬守正行は剃髪して降り、名を妙玄と改め、嫡子・四郎も妙秀と唱えて城を開き、後にこの城を破却して寺を建て、諱字をそのまま寺名にしたとある。

現在の本堂は文化、文政から天保年間の約二十年間の歳月を要して建築された十三間四面の大伽藍である。

地方では稀に見る荘厳な本堂が建立できたのは、中津藩主、奥平昌高の特別な庇護と、遠近の善男善女の浄財によってなされたからである。すこぶる宏麗雄偉《こうれいゆうい》な建物であり、中津市の明蓮寺、福島の長久寺とあわせて三大伽藍と称されている。

建築の際には京都や大阪の宮大工も加わり、使用された木材も藩内に限らず、遠くから海路によって中津港から運び込まれたと伝えられている。

本堂は真宗大谷派の独特の寺院の様式美が整い、風雪を経た今日も見応えがあり一見の価値がある。

末弘雲華上人について

雲華上人は、姓は末弘、名は信慶《しんけい》また大含《だいがん》といい、雲華はその号である。また、鴻雪《こうせつ》、染香人《せんこうにん》の別号がある。安永二（一七七三）年、豊後国直入《なおいり》郡豊岡村（現・大分県竹田市）

の満徳寺（真宗大谷派）に寺主十四代円寧の次男として生まれた。雲華が正行寺の住職、皆往院頓慧《かいおういんとんけい》（鳳嶺《ほうれい》）の養子となったいきさつは、雲華の姉が頓慧の継室として嫁いでいたが、子なくして早世したため、頓慧は妻の弟にあたる大含（雲華）を養子として法嗣としたのである。

雲華は修行のために、叔父にあたる日田《ひた》の広円寺の法蘭や中津藩の儒官、倉成龍渚に学び、さらに福岡藩の鴻儒《こうじゅ》といわれた亀井南冥に師事したほか、京に遊学して高倉学寮に入り学問に励んだ。

雲華上人肖像画（正行寺蔵、撮影：古谷保氏）

雲華は、『雲華上人遺稿』（赤松翠陰編纂、後凋閣刊）によれば、「白晳豊眉、軀幹偉大、儀容神の如し、見る者、たちまちその常人にあらざるを知る」とあり、生まれつき才知がとくにすぐれ、容姿も端正かつ清らかで抜きん出ていた。

現在、正行寺に所蔵されている肖像

画からも優れた容姿の僧侶であったことを窺い知ることができる。

『大分県人物志』（大分県教育委員会編纂、歴史図書社刊）によれば、天保五（一八三四）年六十三歳のとき、東本願寺僧侶の最高位の学職である講師に昇進したとある。「身は顕達なりと雖《いえど》も、営利に澹《たん》なり、講読の暇、花を蒔き、石を洗い、烟霞《えんか》に嘯詠《しょうえい》し、また、描画を好み、尤も蘭を画くに長ぜり。筆致洒然、神采秀発、優に逸品に入る」とある。雲華の芸術技量は趣味の域をはるかに脱しており、その多趣味にも驚かされる。

雲華の交友関係は幅広く、彼が京都に在住の当時、名流とされた篠崎小竹《しのざきしょうちく》、貫名海屋《ぬきなかいおく》などの儒林文士のほとんどが雲華と交流を重ねている。皇族から藩主、儒学者、詩人、医者、僧侶、画家から詩文書画に親しむ文人墨客までいて、彼の人脈の広さと活動の大きさに驚嘆させられる。

また、特筆すべきは、彼は真宗大谷派の最高の学職である講師となって全国を遊説していることである。

本山が土木の大事業を起こしたために、彼は法主の命により四方を布化せしめて勧化募財することになった。全国を巡錫《じゅんしゃく》した雲華の学識と雄弁とによって、大募財も容易に成功したと伝えられている。

雲華上人の印譜には六十六州中の五十八カ国を巡錫したとある。また、健脚の雲華は文政元（一八一八）年には富士山にも登っている。そして彼の画いた富士山の画も気格雄渾《きかくゆうこん》として世間に喧伝された。

雲華の人生は、順風満帆のように見えるが、不幸にも家族には恵まれなかった。はじめ家女《かじょ》と結婚し、後に継室を娶ったがいずれも早世し、次には京都萩原三位の息女を迎えたが、三人の妻とも子宝に恵まれなかった。後嗣は甥に当たる竹田満徳寺円黙の二男、廣慶を養って法嗣とした。廣慶も小雲華とよばれて文筆に長じた。

雲華は嘉永三（一八五〇）年十月七日、京都において寂した。享年七十八。法名は雲華院信慶。正行寺経蔵目録によると、雲華の遺稿は「雲華草」をはじめとして多種あったが、惜しいことに大抵散佚している。

頼山陽との出会い

年譜によれば雲華は、文化五（一八〇八）年、三十六歳のときに、広島藩の儒者であった頼春水を訪ねている。

雲華は、ここで初めて七歳年下の山陽に出会った。雲華には、いまだ不遇時代の山陽を世に送り出したおもしろい逸話がある。

当時、年長の雲華は京都、大阪ではすでに評判の高い学僧として名が通っていた。山陽は、文化七（一八一〇）年、備後の菅茶山の廉塾を脱走し、大阪の篠崎小竹の肝煎《きもいり》で京都に塾を旗揚げして間がない不遇な日々であった。後援もなく門人もつかず、窮境の山陽は自暴自棄になって遊郭に入り浸り、その主人から勘定を迫られた。そこで山陽は、面識の浅かった雲華に自作の詩を書き、買って貰おうという賭けに出たのである。雲華が大衆の面前で講話をしている最中に、遊廓の主人がこの山陽の書を買ってくれるように直接交渉を迫った。

このとき、雲華はしばらく考えていたが、懐中より三十両を取り出して、

「その書を購うた、日本随一の豪傑頼山陽先生の書を得た」

と大声で大衆に呼びかけた。

このことから山陽の名が京阪に急速に高まったという。

文政元（一八一八）年、山陽が九州遊歴の途上、中津の正行寺を訪れたとき、当時、山国谷といわれた景勝地を雲華が案内している。

山陽は山国谷の渓谷を絶賛し、「耶馬渓の風物、天下に冠たり」と、その景色を耶馬渓と名付けて大作「耶馬渓図巻記」を残している。これが文人の間で評判となり、以後、文人たちが次々に耶馬渓を訪れ、一躍天下の名勝となった。
耶馬渓に山陽を案内したときに、山陽の鑑識眼を賛美した雲華の詩がある。

荒陬一入佳人筆
譬如良相挙遺逸
不君高眼品名山
誰以此渓為第一

荒陬《こうすう》一たび佳人の筆に入るは
譬《たと》えば良相の遺逸《いいつ》に挙《あ》ぐるが如し
君の高眼名山を品せざれば
誰か此の渓を以て第一と為さん

山陽が文政元年に正行寺を訪れたとき、雲華は四十六歳であった。以後、雲華が五十五歳になった十年後には、山陽との親交はさらに深まっている。

年譜を見ても山陽の催した詩会、花見、宴会等には雲華はつねに顔を出しており、山陽が父の十三回忌で広島に帰る際にも、豊前に帰る雲華と道中をともにしているから、よほど二人の気性があったものと思われる。

その深い交友は、天保三年（一八三二）九月二十三日に山陽が五十三歳で死去するまで続いたのである。

田能村竹田との出会い

雲華は画聖、田能村竹田《たのむらちくでん》とも親しい交友を重ねた。彼らはともに豊後竹田藩の領内の生まれであり、幼いころからの竹馬の友であった。

文人の多くは余技として絵を描くが、竹田は内心の欲求を南画のなかに具体的に現すことによって、精神の安住の世界を求めた。それはまさしく生命を賭けたものであった。また、たびたび遊郭にかよって心を遊ばせた。

早くから隠居を強く希望し、また竹田藩に対して藩政改革の建言書を提出するなどの行動は、人々にとって奇行、奇言に思えたにちがいない。

そんな竹田も雲華の導きにより世に送り出され、山陽とも雅友としての交流を重ねていった。

文政元年に山陽が九州遊歴の長い旅に出たときには、豊後竹田まで足をのばしている。十月二十四日から数日、竹田の住居である竹田荘に泊まって肝胆相照らしたときの山陽の詩がある。

園多閑地無祖圃
屋倚荒山有禄樵
霜葉雨蔬留我宿
行蔵都付濁醪澆

園は閑地多くして祖圃《そほ》無し
屋は荒山に倚りて禄樵《ろくしょう》有り

霜葉雨蔬《そうよううそ》は我を留めて宿せしめ
行蔵《こうぞう》は都《すべ》て付く濁醪《だくろう》の澆《ぎょう》に

天賦の才を持つ二人の友情はさらに深まり、竹田をして「画を真に理解する学者は山陽唯一人である」と言わしめ、自分の画に山陽以外が詩を題することを固辞し、「竹田詩草」には山陽以外の者が賛することを禁じた。

この後、山陽は文政元（一八一八）年十二月六日、中津の正行寺の雲華を訪ねているが、竹田との邂逅を話したに違いない。

人生は一期一会というが、人は己を知る人との出会いが、いかに大切であるかを物語っている。

中津藩主・奥平昌高公との出会い

天明六（一七八六）年、薩摩藩、島津重豪《しげひで》の次男、奥平昌男の急逝により、奥平昌高は六歳で中津藩の養子となり、藩主となった。オランダ商館長ドゥーフから「フレデリック・ヘンドリック」と名を貰うほど蘭学に傾注し、蘭学者や通詞《つうじ》の協力を得て日本で最初の和蘭辞典、いわゆる『蘭語訳撰』を編纂刊行している。またシーボルトとも親交があり、『江戸参府紀行』にもたびたび昌高の名が登場している。

昌高は世に「蘭癖大名」とまで言われたが、我が国古来の文化にも精通していた。

当時は化政文化が華開いた時代であったために、豪放にして贅沢な昌高は、中津藩江戸屋敷に総ガラス張りのオランダ部屋を造り、出島で買い集めさせたオランダ製品を陳列させたりしていた。オランダ語辞書の出版など蘭学の研究にかける費用も尋常ではなく、中津藩の財政を破産寸前まで疲弊させた藩主としても藩史に名をとどめている。が、幕府が開幕以来初めて諸侯に「鎖国か開国か」の意見を求めたときには、「開国解放策」の意見書を送るなど、聡明にして開明的な藩主であったことが窺える。

雲華は藩主奥平昌高より八歳年上であった。

昌高は、雲華の高徳を尊敬し、手厚い庇護をなした。正行寺の大伽藍建立の際には昌高から「中津藩領内の大木を自由に切り出してよい」とのお墨付きを貰っており、その証拠とも言うべき昌高の揮毫による額字が正行寺本堂に掲げられている。

また、壮麗な正行寺の本堂を実際に拝観すれば、雲華の活躍の陰にはパトロンとしての中津藩主昌高の手厚い庇護があったことを実感することができる。

雲華上人の逸話

通常、風雅な交わりを好む文人墨客には、酒を好む者が多い。だが、雲華は酒を好まず煎茶を愛した。

煎茶は、江戸時代の初め、中国福建省から渡来した禅僧隠元によって日本に紹介され、売茶翁《ばいさおう》（高遊外《こうゆうがい》）によって次第に全国各地に広まった。当時すでに京では人々の間で煎茶趣味が広がっており、豪奢なものから粗末なものまで広く茶会が催されていた。

雲華は正行寺の敷地内に茶畑を作り、みずからその葉を摘み、心をこめて製茶したという。かつてこの茶を花山院に献じたところ、「引風浮光恰《いんぷうふこうあたか》も雲華に似たり。宜しく茶に命ずるに雲華を以てすべし」との言葉をいただいたという。このことを喜んだ彼は、この「雲華」を自分の号にしたという。雲華にとって煎茶は単に喫茶を楽しむにとどまらず、茶の道としての奥の深さを求めたのであろう。

また、四君子と称される蘭を愛し、数十盆を栽培していた。中国産の素心蘭が長崎に船来したと聞くや、人をやって買い求め、朝夕これを愛玩して、そばで寝起きしたという。彼が筆をとって描いた蘭は、心と蘭が一体となり、天真爛漫の画技は妙境に達したという。ついに雲華の名声は、仁孝天皇にまで届き、本願寺に命じて雲華の蘭の画を献上するように命じた。

その聖旨に対して雲華は、つぎのような五言絶句を残している。

水墨唯蘭竹
平生養素心
塗鴉経御覧
野雀躍中林

水墨は唯だ蘭竹のみ
平生　素心を養う
塗鴉《とあ》　御覧を経て
野雀　中林に躍る

むすびに

今回の取材でも郷土史家の橋本和寛氏、中津の歴史に詳しい近砂敦氏には多大なご協力をいただいた。また、住職夫人と副住職には正行寺の裏城屋敷の丘まで案内していただき、墓所に眠る雲華上人の墓に参拝することができた。

同寺から車で裏城屋敷の丘まで案内していただいたが、かなりの距離であった。昔はそこまで正行寺の敷地であったというから、広大な規模であったことを想像することができた。

江戸時代に現在の本堂伽藍ができるまでは、庫裡《くり》が本堂であった。庫裡には頼山陽が宿泊した山陽の間、奥平公のお成りの間、学問所などの各部屋も残っている。

また、境内には頼山陽が設計したと言い伝えられている鐘楼があり、バランスの取れた美しさで往事のままの姿をとどめている。雲華が自ら栽培した茶畑は正行寺門前にあったが、今は参拝者の駐車場になっている。また、現在も正行寺では毎年四月に雲華上人の遺徳を偲ぶ「雲華まつり」が盛大に催されている。

末弘雲華上人略年譜

安永二年（1773）
豊後国直入郡城下（大分県竹田市）満徳寺に生まれる。幼少のころより、伯父にあたる日田、広円寺の法蘭、中津の倉成龍渚、次いで黒田藩儒者亀井南冥に学んだ

寛政三年（1791）
豊前中津古城正行寺（中津市古城）の皆往院鳳嶺の養子となる。
上京して高倉寮に入る

文化五年（1808）
広島藩の儒者頼春水を訪ねる。この時に頼山陽とも出会う

文政元年（1818）
富士山に登る。十二月、正行寺に九州遊歴中の頼山陽の訪問を受けて、山国谷を案内した。

文政二年（1819）
擬講師に昇進

文政四年（1821）
嗣講師に昇進。雲華院と号するようになる

文政八年（1825）
田能村竹田、八条半披等と正行寺で詩会を催す

文政十年（1827）
頼山陽母子との交遊が頻繁に行われた。以後も天保三年に頼山陽が亡くなるまで親密な交友が続いた

天保五年（1834）
八月二十五日、講師に昇進。十二月一日、中津の正行寺に帰る。その後、毎年のように御殿講開講のために上京

嘉永三年（1850）
十月七日、京都において寂した。
享年七十八

矢方池築造に命を賭けた

高橋庄蔵

高橋庄蔵

はじめに

平成二十一（二〇〇九）年の早春、福岡県築上《ちくじょう》郡上毛《こうげ》町に築かれている矢方《やかた》池を訪ねた。満々と美しい水を湛えている溜池がどの位の規模であるかを知るために、地元郷土史家橋本和寛氏の案内によって池の周辺を歩いてみて、その巨大さを改めて実感した。築堤には高橋庄蔵と矢方池の築造の経緯を刻んだ「百年の塔」が建っていた。

後日、高橋家を訪ねた折り、高橋恵美子さんから、同家の数々の貴重な資料を閲覧させていただいた。

そのなかに、高橋庄蔵が明治二十三（一八九〇）年、矢方池第一期工事の落成式で述べ

た自筆の祝辞が大切に保存されていた。その書き出しには、

農ハ我国殖産ノ大基礎タリ抑々大字二十八ケ村ハ地形平坦地味膏沃《こうよく》最《もっとも》米穀ニ適シ民衆皆農ヲ以テ専業トス依之農産ノ富ハ敢テ他郷ニ譲ラズ然リ而シテ之ガ機関タル水利ノ不便是ナリ之ヲ既往ニ徴《しる》スルニ嘉永癸丑文久辛酉ノ如キハ爾後多少ノ旱害枚挙ニ遑《いとま》アラズ此ノ惨状ヲ来セリハ天水ニ依頼シテ養水ヲ貯蔵スル溜池少ナキニ起因ス

と、胸を打つ心情が述べられている。

農民のための溜池築造にここまで執念を燃やした高橋庄蔵の生涯について紹介したい。

高橋庄蔵肖像画（撮影：古屋保氏）

大庄屋高橋家と高橋庄蔵

高橋家は代々庄屋を務めた家柄であっ

た。父親の保命《やすたか》（通称・庄治）は寛政四（一七九二）年に生まれ、十五歳のときに庄屋となって在職五十余年、その間大いに治績を上げている。

性格は清廉恬淡《せいれんかつたん》でよく人に慈恵をほどこした君子であり、かつ和歌をたしなむ風流人であった。だがあまり家庭の経済を顧みなかったため、家政も衰えつつあった。

築上郡役所に提出された庄蔵の業績をまとめた資料には、父保命は温厚、慈仁《じじん》に富み貧《ひん》窮艱難《きゅうかんなん》を見るとその救恤《きゅうじゅつ》に努めたために二回も破産し、後に大庄屋の顧問として経世治《けいせいち》民《みん》に参与したとある。

天保七（一八三六）年、正月四日、高橋庄蔵は保命の長男として上毛郡久路土《くろつち》村（現・豊前市黒土）に生まれた。『遠帆楼詩鈔』（草文書林）には名は巌、字は子瞻、通称巌之助とある。のち、庄蔵と改め、厚斎と号した。法名は釋徳潤という。

庄蔵は十四歳で庄屋代役となり、十六歳のときには野田村庄屋見習いとなった。

嘉永五（一八五二）年七月、十七歳にして上毛郡薬師寺村（現・豊前市薬師寺）の漢学私塾蔵春園《ぞうしゅんえん》に入門し、碩儒、恒遠醒窓《つねとおせいそう》に教えを受けている。詩文にも才能を示したが、経世の実学に重きをなして、特に数理と経済を最も得意とした。

明治三年、三十五歳で岸井手永大庄屋となり苗字帯刀を許され、明治八年には第六、第

高橋家（撮影：古屋保氏）

七大区長となったが、明治十二年三月には福岡県会議員となったが、「国家の大本は村治にあり」と一年半で辞めている。父の代では貧しい暮らしであったが、庄蔵の勤倹力行《きんけんりっこう》によって次第に財産を蓄えて家を興すことができた。

郡内で最初の高等小学校を黒土村に開校したほか、豊前の銀行の前身である千束社《ちづかしゃ》、築上社の創立にも加わった。

後半生は溜池築造に全精力を打ち込み、矢方池の甲池が第一期基礎工事のまさに成らんとする明治二十四年十月十七日、病魔のために急死した。五十六歳であった。全財産を抵当に入れ葬儀にもこと欠く窮状のなか、粗末な淋しい葬儀であったという。

いかに庄蔵の境遇がみじめなものであったか

を窺い知るところである。また残された家族は、その後も全借金と利子の返済のために苦しみながら、長い期間を要したという。

矢方池築造事業

高橋庄蔵の最大の功績は矢方池の築造であった。彼が大庄屋を務めた久路土村は豊前、小笠原藩の支藩禄高一万石小倉新田藩（千束藩）の所領であり、領内二十六カ村は大きく二つの手永に分かれていた。

久路土を含む豊前平野は、岩岳川、佐井川の流域で沖積層の地味膏沃《こうよく》な地質であり、大阪方面では名の通った良質の豊前米が良く実った。

しかし、膏沃な土地でありながら、河川の流れは短く、また流れも細く、直流のために淀むところが少なかった。このため夏の降雨の少ないときには、往々にして旱魃《かんばつ》の惨苦を味わうことになった。とくに久路土村はその平野の中央部にあるために、水源の乏しい農民たちは辛苦をなめ、毎年旱魃の脅威に晒《さら》されなければならなかった。ときにはまったくの灌漑水不足となり、収穫が皆無という惨状を見ることも少なくなかった。これにより草や木の根を食って難儀に耐えたが、餓死した者も随分あった。

岸井手永であった庄蔵は、明治四年の廃藩置県から十有余年間、第六、第七の大区長であった。その間、旱害の不幸を取り除くため色々と熟慮した結果、溜め池を築造しようということに思い至ったのである。

明治十一年から有志に謀《はか》って、関係二十八カ村（三毛門《みけかど》、三楽《さんらく》、森久、六郎、市丸、中村、吉岡、別府《べふ》、楡生《にりよう》、鈴熊、土屋、直江、今吉、広津《ひろつ》、久路土、岸井、掘立、小石原、皆毛《かいも》、高田、広瀬、矢方、尻高《しだか》、緒方、成恒《なりつね》、安雲《あくも》、八ツ並、大ノ瀬）を遊説したが、予想をはるかに超えたあまりにも大事業であったために村人たちの物笑いの種にされた。

なかには陰に陽に噂を立てて中傷する者も出て、庄蔵の計画に邪魔をする者も少なくなかった。そして、測量手続きも終わったこの事業も、思い止まらざるを得ない事情に立ち至り、ついに頓挫したのである。

しかし、庄蔵はあきらめなかった。以後数年間にわたり、自分の家の軒下に石油の空き缶を並べて年間の雨量を測定して、雨水による貯水量の統計をとった。また、京阪地方から九州までの有名な溜池の視察を行って、あまねく築造の知識を深めて研鑽を続けていた。

明治十八年、庄蔵の熱意はさらに強固なものになり、粘り強く関係村に交渉を開始した。

前述した二十八カ村は、旧幕府時代には、豊津、千束、中津の三藩にまたがった土地でもあり、民情や習慣も異なっていたために交渉は困難であった。しかし庄蔵は終始一貫、熱意と誠意と根気をもってこれにあたった。

彼の熱意は雄図《ゆうと》十年の歳月を経て次第に人々の心を動かすことになり、明治十九年、ようやく矢方谷に溜池築造の候補地が定まり、その実測も成ったのである。

同年六月三十日、矢方池築造の役割が定まった。工事係は別府又十郎、日隈小次郎、矢幡小太郎、同補助には尾宗寺甚十郎、工事監督委員には相良卯平、高野和三郎、越原嘉藏、平井柳平その他所轄委員十一名、新築委員二十七名、議員二十八名を議した。

さらに同年十月六日には土工会調印も済み、翌二十年十一月二十九日、水利組合連合会議長に当時、郡長であった清水可正を推して、「第一回溜池新築連合村会」が開かれた。引き続いて戸別の割賦《かっぷ》課徴収手続きもできあがった。そのときの議案によれば、総支出予算は一万四八八三円九三銭三厘であった。その溜池築造に関係する二十八カ村は、上毛郡の中央にあたる水田が五百町歩、戸数一四四七戸にも渉った。

溜池築造工事は明治二十一年一月に起工式を行い、三月から開始された。そしてその年の六月には、一番奥にあたる規模の小さい丙池が竣工した。しかし築造経費は困難な状態

今も満々と水を湛える矢方池（築上郡上毛町・撮影：古屋保氏）

にあり庄蔵は四百円の自費を抛り出した。当時、予定した賦課金は思うように集まらなかったために、出費が嵩《かさ》みついには人夫賃の支払いにも窮することとなった。

しかし庄蔵は明治二十二年二月五日に一大決心をする。

自分の全財産二百石付きの田十三町歩を担保に、旧藩主小笠原伯爵から金利付きで五千円を借り受け、その資金をすべて投げ出して、行き詰まっていた工事を進めた。

だが、その後も工事は順調には進まなかった。大水が出て苦心して築いた堤防が切れたこともあった。さらに資金が足りず高利で借りた現金二千円も寄付として投げ出した。それでも足らず家屋敷から諸道具まで金にかえてつぎ込んだ。

こうした熱意は、一時、傍観的な二十八カ村の人々の心を動かした。次第に今まで集まらなかった関係村の分賦金も次第にまとまって来た。また関係村の普請方や人夫も懸命に働いたことにより、翌年九月五日に乙池を竣工することができた。

さらに引き続いて、最大の貯水量となる甲池の工事に取りかかった。

この甲池は、土手の長さが八十一間（約一五〇メートル）、高さが七間（約一三メートル）、幅が一番上で約十一間（約二〇メートル）という大きな目論見であった。どんな洪水にも決壊しない大堤防を築くためには基礎固めが重要である。地搗《じつき》きは人力でしっかり固める必要があり、庄蔵は陣頭指揮で鍬も取り、人夫とともに地搗きもついた。

庄蔵は、その日の工事が終わった後も、一人提灯をともして工事場を見回り、築堤の石組みから石の数まで調査した。工事中、大雨が降って洪水が出たときには、濁流のなかに飛び込んで土俵を入れて破壊を防いだことが幾回もあった。

一心不乱に矢方池築造に尽くした庄蔵は、前述したとおり、甲池の第一期基礎工事が完成間近の明治二十四年十月十七日に五十六歳で死亡した。

後事は庄蔵の相棒で信頼厚い黒土村々長矢幡小太郎によってその全精神が受け継がれて、

十年後の明治三十三年に待望の甲池の竣工がなった。

明治二十一年の起工から明治三十三年の竣工まで実に十五年もの歳月を要して、庄蔵が宿願とした矢方池築造の大事業が完成したのである。

矢方の三池の最終的な総工費は、二万六五八二円九四銭三厘という巨額となり、当初の目論見より、水田において百十八町歩八反余と増えたが、総工費においては当初の目論見よりも約一万二千円を超える結果となった。完成以後、矢方池は二十八カ村の水源として、大旱魃が数十日続き草木も枯れる渇水のときでも、一度矢方池の水門を開ければ水流滔々として四方はたちまちに潤った。収穫もまた以前にも増したために、土地の真価も高まった。その後、庄蔵の遺徳を敬慕して矢方の甲池の土手には遺髪が埋められ、毎年、庄蔵の月命日となる五月十七日には祭祀が執り行われている。

昭和二（一九二七）年、庄蔵らの偉業と事業概要が刻まれた記念碑が建立されている。

高橋庄蔵の生活信条

庄蔵は、慈悲に富める父親の血脈を受けるとともに父の言動に感化され、人間としての生き方について薫陶を受けて成長した。また、性恭謙《きようけん》にして温容、学徳高い蔵春園の恩師、恒遠醒窓の人格に啓蒙されたことも、彼の人間形成に多大な影響を与えている。大庄屋として、郷土農民たちの辛苦を救済せんとする大慈愛心から発露した功徳をもって、矢方池築造事業に生命を賭けたのである。

庄蔵は在塾当時、つぎのような漢詩を作詩している。

山　居　　　　　　　　厚齊　高橋庄蔵

茅屋槿籬碧澗隈
堪欣此裏脱塵埃
石門終日關常鎖
非是詩朋不肯來

山居《さんきよ》
茅屋《ぼうおく》　槿籬《きんり》　碧澗《へきかん》の隈《くま》
欣《よろこ》ぶに堪《た》えたり此裏《しり》　塵埃《じんあい》に脱《だつ》するを

石門《せきもん》　終日《しゅうじつ》　関《かんぬき》常《つね》に鎖《とざ》すは
是《こ》れ詩朋《しほう》の肯《あえ》て来《きた》らざるに非《あら》ず

明識達才《めいしきたつさい》という語があるが、まさしく庄蔵はそのことばがぴったりと当てはまる人物であった。

世事百般に通じており、特に農事に精通していた。明治十六年、県下でも珍しい「大日本農会員」となり、種子交換の利に着目した。稲や大豆、紫雲英《れんげそう》や果物の苗、農具なども取り寄せて研究した。その結果、稲の植え方、麦の蒔き方、粟の分け方、田の草取り、俵の作り方、馬の飼い方まで通暁《つうぎょう》していた。土木にも精通していたが、先にも述べたとおり、ことに経世の道に長じ、経済は最も得意としていた。

また、数理にも明るく毎日出納簿の記入を怠らなかった。さらには幾町歩もの田畑に必要な灌漑用水の水量、池水の水量の計算も、専門の技術者を驚かすほどの頭脳を持っていた。

たとえば道を歩くときは歩数を数えて、その距離を確かめ、溜池築造にむけて年間雨量の測定も行っている。

自らも一町一反余の農作をなし、朝は早くから草切りに行き、夜は遅くまで縄を綯《な》い、自分の草履も作った。足袋はけっして履かなかった。

また、蔵春園の塾舎新築や小倉新田藩の千束旭城の造営においても世話人の一人として活躍している。そうした集積した知識をもった庄蔵は、矢方池の築造が農業百年の大計にあることを認識したのである。

また、庄蔵は自らの財産を慈善公益に使うことを惜しまなかった。

本来ならば大庄屋としての暮らしは四十石取りであり、しかも第六、第七大区長を務めていたので豊かな経済であった。それを敢えて矢方池築造にすべての財産を投げ出して、赤貧洗うがごときあり様となった。当然人々は嘲り罵倒するところとなったが、庄蔵の心は唯、矢方池完成あるのみであった。

高橋家と庄蔵の逸話

慶応二（一八六六）年に領内で起きた百姓一揆では、庄屋、大庄屋はみな略奪、破壊、放火などの暴行を受けた。だが高橋家だけは「親切で、慈悲なる高橋家は打ち壊してはならぬ」という人々の声に、一揆の暴民も高橋家には一指も触れなかったという。

庄蔵の父、保命の和歌一首には

君が代の久しかるべきなすらへは天《あめ》と地《つち》とのほかにやはある

庄蔵が矢方池築造の大事業を成功せしめた堅固な意志と行動力は、大庄屋にもかかわらず窮乏した家庭において、日々父親の薫陶に浴したからであろう。

また、健脚であった庄蔵は、豊前の上毛郡から山伏修験道の霊山とされた英彦山までの往復十八里を一日で歩いたという。

村中に貧しくて破産しそうな者があると、無尽講を世話して盛り立てたという。

庄蔵は一意専心、矢方池の築造に没頭し、そのことが彼の趣味嗜好でもあった。

事業のほかには物見遊山の楽しみもなく、囲碁や将棋の慰みもなく、酒や煙草のたしなみもなかった。ただ珍しいことに果物が好物であった。「柿でもあれば、三度の食事もいらぬ」といい、また、酸っぱい梅でも、一度に五合くらいも食べたという。

むすびに

矢方池の築造は、現代のブルトーザーやクレーン車のような大型機械もなく、人力だけが頼りの想像を超えた苦難の工事であった。

その当時の史実をありのままに後世に伝えるために、甲池堤防そばの公園には、矢方池工事に参加された先人たちの思いと題して、使役した人々の様子をイラストにして彫り込んだ自然石の記念碑がある。たび重なる台風の被害や日清戦争の最中にも続けられた作業、真夏に木陰のない土手での重労働、真冬にわら草履ばきでアカギレの痛みをおしての作業、十数人が力を合わせての地搗きや、テコを使い巨石を起こすさま、土壌を運搬する者や鍬をもって池を掘り込んでいる者、すべてが人力であったことを物語っている。

矢方池の完成からまもなく百十年を迎えようとしている。現在、農業は減反政策により農地も荒れて、この矢方池の受益水田も減っている。いずれ日本の新しい農業政策への転換によって矢方池の新たな真価が発揮されるに違いない。

高橋庄蔵略年譜

天保七年（1836）
一月四日、高橋家の長男として上毛郡久路土村に生まれる。上毛郡はこの年、大凶作となった

天保八年（1837）
大飢饉、餓死者が出た

嘉永四年（1851）
七月四日、豊前薬師寺村の碩儒、恒遠醒窓の漢学私塾「蔵春園」に入門した

嘉永六年（1853）
大旱魃の年。久路土村地方では収穫皆無の惨状となった

万延元年（1860）
7月、東黒土村庄屋を兼ねた

慶応二年（1866）
小倉藩は長州戦争に敗れて小倉城自焼、郡内に百姓一揆起こる

明治三年（1870）
岸井手永の大庄屋に抜擢された

明治五年（1872）
小倉県令によって第六十四区長に任命された

明治六年（1873）
第六十三区長を兼ねた。十二月、第六大区（上毛郡全域）の大区長に任命された。

明治八年（1875）
第六区、第七区（下毛郡全域）大区長となった。

明治九年（1876）
八月、福岡県令により第七大区長に任命され、九月には第六大区長に転じた。

明治十二年（1879）
三月大区長職を辞任して福岡県会議員に挙げられたが、一年半後に辞職した。

明治十六年（1883）
種子の交換の利に着目して、栃木県、岐阜県から稲や大豆、滋賀県から紫雲英を取り寄せて試作、石川県から梨苗を取り寄せて栽培した。

明治二十一年（1888）
一月十九日矢方池起工式

明治二十四年（1891）
十月十七日、病にて急死。56歳であった。

明治三十三年（1900）
五月二十二日矢方池竣工式

勤皇の海防僧　釈月性上人

釈月性

はじめに

山口県柳井市大畠、ＪＲ山陽本線柳井港駅より東に一・四キロ、徒歩で十五分のところに浄土真宗西本願寺派の妙円寺がある。

同寺の境内の「立志の碑」には左記の漢詩が刻まれている。

将東遊題壁　　釋月性

男兒立志出郷關　學若無成不復還

埋骨何期墳墓地　人間到處有青山

将に東遊せんとして壁に題す　　釈月性

男児志を立てて郷関を出づ
学もし成る無くんば復《ま》た還らず
骨を埋むる何ぞ期せん墳墓の地
人間到る処青山有り

この七言絶句は「壁に題す」という詩題で漢詩や吟詠を愛好する人々にとどまらず、多くの人々に膾炙《かいしゃ》されている名詩である。

月性《げっしょう》はこの詩にあるとおり、天保十四（一八四三）年から大坂を拠点として、遠く北陸各地など諸国を自分の足で踏み、その眼で確かめて情報を収集していったことが、その後の彼の人生に大きな影響を与えた。寸暇を惜しんで訪ね歩いたその活力には、驚かされるばかりである。

月性は西郷隆盛と入水した清水寺の月照とよく間違われるが、ともに勤皇僧であり詩僧であったからであろう。

この詩の作者、釈月性は豊前国上毛郡薬師寺村（現・豊前市薬師寺）にあった漢学私塾蔵春園《ぞうしゅんえん》の碩儒恒遠醒窓《つねとおせいそう》に学んでその才能と性質を愛された傑僧である。

大畠では、昭和四十三（一九六八）年五月、財団法人「僧月性顕彰会」が発足し、妙円寺の境内には、月性のおびただしい遺品・文書類を世に紹介するために、昭和四十五年十一月に展示館が落成開館し、彼の偉大な業績を伝えている。

今回は、僧侶でありながら海防護国・尊皇攘夷の志士として、長州藩回天事業の先達として活躍した彼の波乱の生涯をたどってみたい。

釈月性について

釈月性は文化十四（一八一七）年、周防国玖珂郡遠崎村（現・柳井市遠崎）の真宗妙円寺に生まれた。月性と称し、字は知円、清狂と号し、烟渓の別号がある。

同寺八代目の住職謙譲には四男・二女があり、長男の周邦は父の後を継ぎ同寺の九代目の住職となった。二男の周山（覚応、龍護、観月と号した）は大坂長光寺の住職となり、尊攘派として活躍した。

私塾「蔵春園」跡（豊前市薬師寺）

これら兄弟に尾上という姉がいた。尾上は岩国光福寺の住職祇城に嫁いだが、故あって離婚し実家に帰った。このときに尾上はすでに妊娠の身であり、男児を生んだ。これが月性である。月性は母親の厳しい教育によって向学心が芽生え、文政十二（一八二九）年、十三歳にして得度、同十四年、叔母が嫁いだ田布施村《たぶせ》（現・熊毛郡田布施町）の円立寺に宗学の講筵《こうえん》に来ていた名僧の不及《ふぎゅう》師に、叔父覚応の紹介により入門を請い内弟子となった。

不及師は月性を伴い佐賀にある自坊の善定寺に連れ帰った。不及師は月性の非凡なる才能を大成させるためには漢学の素養が必要であるとして、天保二（一八三一）年の夏、恒遠醒窓の漢学私塾蔵春園に入門させた。このとき月性は

妙円寺にある清狂草堂（私塾・時習館跡）

十五歳であった。月性は同塾の梨花寮に寓し、醒窓のもとで五年間漢学の素養と漢詩人としての基礎を固めた。

その後、不及師に三年間、宗乗《しゅうじょう》（宗派の教義）を学ぶとともに、諸国の遍歴を重ねて名のある多くの人物と交わり次第に見識を深めていった。

月性は妙円寺に帰ると嘉永元（一八四八）年、同寺の「清狂草堂」を私塾時習館《じしゅうかん》にあてて開塾した。時習館の教育は学問・思想に対する気魄が重視されたという。

この私塾からは、世良修蔵《せらしゅうぞう》、大洲鉄然《おおずてつねん》、大《だい》楽源太郎《らくげんたろう》、赤根武人《あかねたけと》、入江石泉《いりえせきせん》、富樫文周《とがしぶんしゅう》などの偉材を世に送り出した。就中《なかんずく》、大洲鉄然は月性の遺鉢をついだ傑僧となった。

月性は海防僧と呼ばれ、精力的に講演活動を行っていたが、安政五（一八五八）年五月十一日、脚気のために急死した。四十二歳であった。明治二十四（一八九一）年には、生前、海防を説き国事に奔走した功績をもって朝廷より正四位が追贈されている。

幅広い人脈と海防僧としての活躍

当時、すでに全国各地の沿岸では外国船の出没が噂で流れていた。月性は天保十（一八三九）年、長崎に遊び、さらに喜界島に旅をした折りには沖合を航行するオランダの軍艦を見て驚き、また長崎で巨大なオランダ船を見たことで強い衝撃を受けた。以後、彼は急速に海防問題に関心を持つようになる。

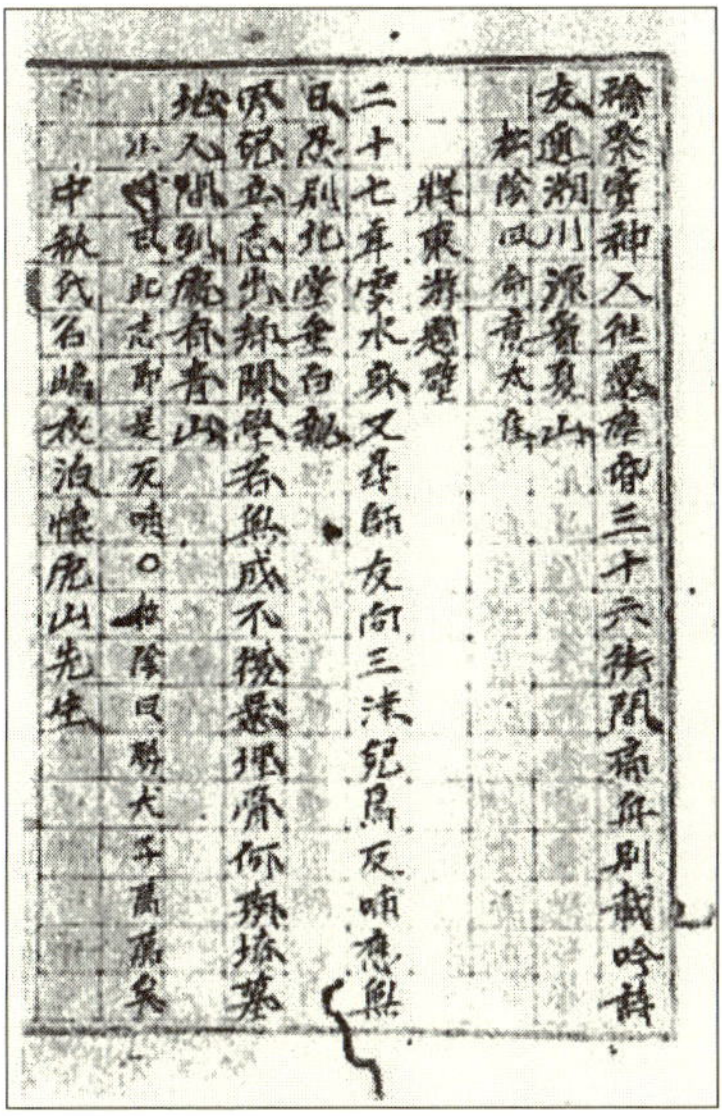

月性遺稿「将東游題壁」
（松陰神社蔵）

天保十年の夏、肥前遊学の後、帰国した月性は、広島の坂井《さかい》虎山《こざん》をはじめ

近辺の多くの儒者を訪ねて、天下を論じた。

やがて、天保十四年、大坂の町儒者篠崎小竹《しのざきしょうちく》の門に入ることを決意して出郷した。そのときに作った詩が冒頭に紹介した「男児立志出郷関」の詩である。彼の幅広い人脈は、詩集「清狂遺稿」で知ることができる。

知識欲の旺盛な月性は、篠崎小竹の梅花寮に四年間過ごした間、小竹の娘婿の後藤松陰をはじめ、広瀬旭荘《ひろせきょくそう》、藤森天山《ふじもりてんざん》・羽倉簡堂《はぐらかんどう》・野田笛浦《のだてきほ》・梅田雲浜《うめだうんぴん》・斎藤拙堂《さいとうせつどう》・雲華大含《うんげだいがん》などの高名であった儒者や文人、僧侶などのほか、数多くの草莽《そうもう》の志士と交わった。

やがて弘化四（一八四七）年、緊張のたかまりつつあった郷里長州に帰り、「海防僧」にふさわしい実践活動に専念することになった。安政四（一八五七）年、梅田雲浜の賛同を得て紀州へも出向き、海防論を説いた。惜しむらくはその翌年、脚気のために急死したことである。

漢詩人としての月性上人

月性は僧侶にして勤皇志士であり、かつ秀でた漢詩人であった。幕末において詩賦を詠んだ志士は多かったが、梁川星巌《やながわせいがん》ら二、三を除いては、詩人と称する者は数少ない。月性はそのなかにあって稀有なる存在であった。彼の詩集「清狂遺稿」をひもといてみると、その詩風が異彩を放っていることがわかる。

月性の詩の特色は、題材が広範な点である。花鳥風月から羇旅《きりょ》、感懐、贈答、題画、詠史その他幾多もの詩篇を成している。彼には天賦の素質があり、蔵春園での詩道の研鑽に

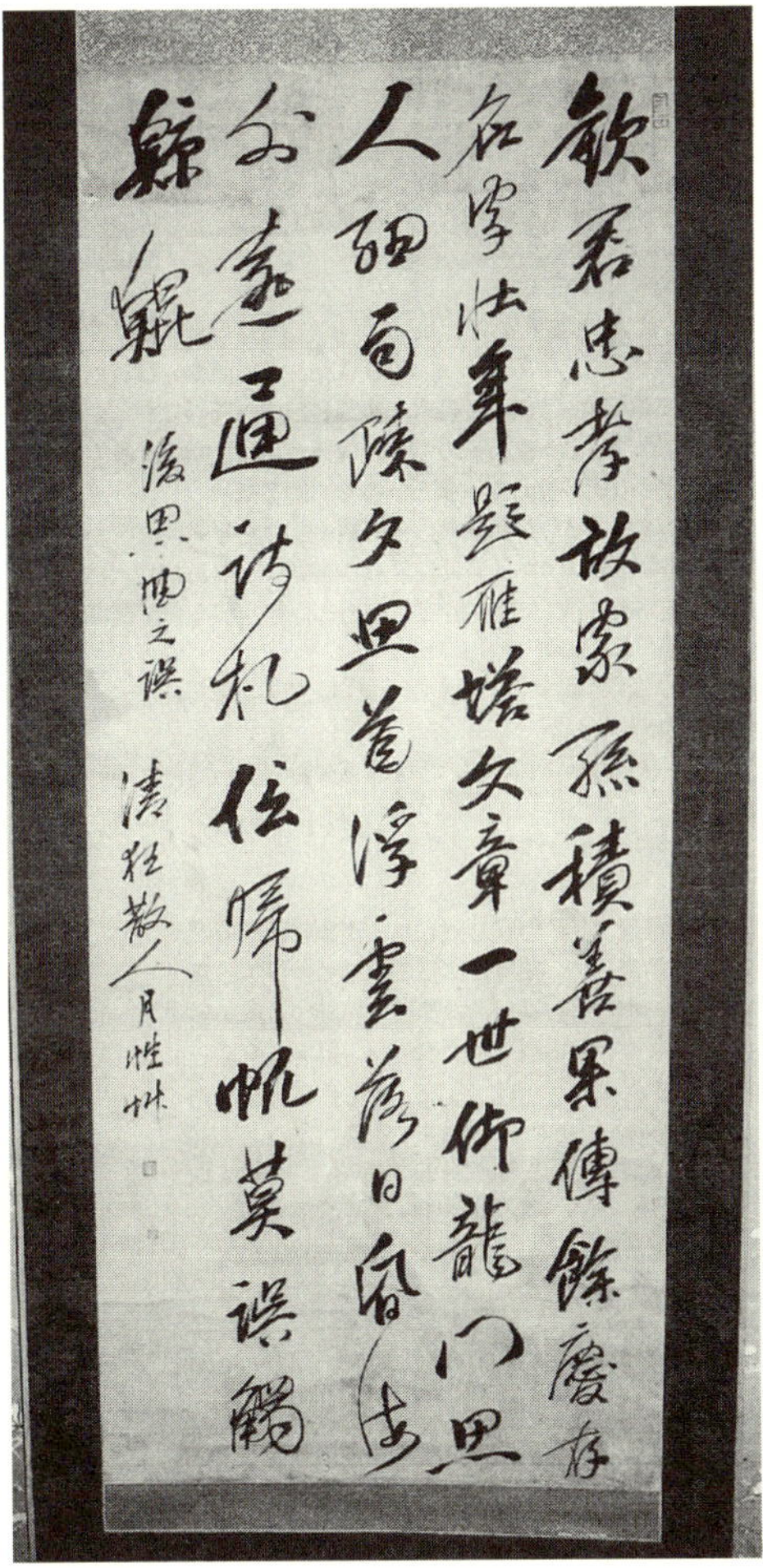

月性の書。３行目「人細雨疎夕」は、本来は「人細雨疎燈夕」であり、１字脱落している。月性は脱落を認めつつも、勢いのある書の出来を気に入ってか、署名して落款を押しているところがおもしろい（蔵春園所蔵）

よって才能を開花させた。叔父の覚応（龍護）も詞藻《しそう》に富み「観月臥松楼詩鈔」等を著していることから、その血筋をひいたものと推量される。

月性は国事に奔走したため、各地においても諸名家と詩の応酬をかさねている。月性の詩のおもしろいところは、僧侶でありながら、僧詩ではないことである。長三洲《ちょうさんしゅう》は「清狂遺稿」に序して、「上人は僧中の士なるも、其の詩は僧詩に非ず」と述べていることからも明らかである。

釈月性上人の逸話

月性には多くの逸話が残されている。とくに僧衣の月性が剣を抜き舞いをする「月性剣舞の図」には彼の真骨頂が顕れている。

酔って侍屋敷に泊まるのが窮屈なときには、同宗派の仲間である円勝寺や円覚寺に泊まった。ここでは酒を喰らって流連《りゅうれん》することが多かった。興に乗れば相変わらず高吟《こうぎん》狂舞《きょうぶ》し、槍をとって襖や屛風を突き破る狂態があったが、皆、笑ってとがめなかったという。

今でも月性が突き破った襖や屛風が残っている。

また、岡為造編集主任による著書『豊前薬師寺村恒遠塾』（築上郡教育振興会）にはつぎのような逸話が載せられている。

一日、寮生と塾の東方にある牛鼻山に遊び、大いに酒を飲み、大言壮語し、その帰途には衣を脱ぎ、越中ふんどし一つとなり、鍋と衣類を肩の前後に担《にな》い、漫歩《まんぽ》高吟《こうぎん》しつつ寮に帰ったという。また、中元に寮と楼の二つの屋上に縄を張り、蚊帳をこれに結びつけて置《おき》座《ざ》の上で読書して、それは深夜にまで及んだという。

月性剣舞の図
林道一画・宇都宮黙霖賛
（財団法人僧月性顕彰会蔵）

また、蔵春園からほど近い豊前の薬師寺にある東光庵（醒窓一門の墓所でもある）に出かけては、主僧の手習い児童数十人と鬼ごっこをしたという。

外遊して再び寮に帰ってきたときには、破衲弊履《はのうへいり》、頭髪は蝟毛《いもう》の如くとあり、破れ僧衣にすり減ったわらじ、頭髪は伸び放題でハリネズミの毛のようだったという。

醒窓先生は、それを見かねて剃刀のうまい僧を呼んで月性の頭を剃らせたという。

まったく外見にこだわらず豪快な人物であったことが窺える。

恒遠醒窓との師弟の情誼

恒遠醒窓は日田咸宜園《かんぎえん》の廣瀬淡窓の高弟であった。醒窓の温恭先生という諡号《しごう》にふさわしく性格は温和、恭謙、才学をもって自らをてらわず、名望をもって自ら高うせざる君子人であった。

月性は五年間、醒窓に学んだが、その師弟関係は「其誼之厚、師弟而兼父子之親」（『豊前薬師寺村恒遠塾』）と表現されるほど親密なものであった。

生まれて父を知らない月性が醒窓を父親として偶像視していたことが想像される。

師弟の似たところは、こよなく酒を愛し客を愛した漢詩人としての情誼《じょうぎ》であった。性格的には正反対に思われるが、醒窓は師の廣瀬淡窓も認める漢詩人であったことから、いち早く月性の漢詩人としての素晴らしい才能を見抜き、深い学識、驚くほどの剛胆さと万人を奮い立たせる弁舌力、行動力を高く評価していたと思われる。

醒窓に愛され信頼されていた月性は、師の醒窓が嘉永二（一八四九）年、肥前平戸藩の松浦侯の聘に応じて平戸に赴くや、蔵春園に来て代講をしている。このときに月性から教えを受けたのは、およそ七十余人であったが、醒窓の嗣子である恒遠精齋も月性に学んでいる。このときの情況を詠んだ律詩がある。

梨花寮寓居賦呈醒窓恒遠先生

桃李滿門春色深　育英鄉校足靑衿
多年待賈匱中玉　千里招賢臺上金
黃鵠豈無橫海志　白雲猶有出山心
文章經國君家事　何必棲遲老故林

梨花寮に寓居し醒窓恒遠先生に賦して呈す

桃李門に満ちて春色深し
郷校に育英して青衿《せいきん》足る
多年賈《あきな》いを待つ匱中《きちゅう》の玉
千里賢を招く台上の金
黄鵠《こうこく》豈《あ》に海に横たふの志無からんや
白雲猶ほ山を出づる心有り
文章経国君が家の事
何ぞ必ずしも棲遅《せいち》して故林に老いんや

月性は前年には自分の寺内に私塾「時習館」を開塾しており、恩師の塾をまかされたことも、その後の自分の塾の経営に役立ったものと思われる。

覚応から超然へと連なる親交

月性を実際に世に出した最大の功労者は叔父にあたる長光寺の覚応とされる。
月性は覚応から思想的に強い影響を受けただけでなく、その幅広い人間関係も覚応を通じて得たと思われる。覚応は詩文に長じ、真宗教団外の文化人との交友も多かった。
また覚応は勤皇の志士とも交際があったことが月性の思想に大きな影響を与えた。
超然《ちょうねん》と覚応との出合いは、文政八（一八二五）年、西本願寺の学林《がくりん》において親密な交遊をはじめたことにある。

弘化元（一八四四）年、覚応が宿泊していた油小路大坂屋を訪ねた超然は、その場で初めて月性と出会った。月性二十八歳、超然五十二歳で年齢的に大きな隔たりがあったが、急速に交際が深まり忘年の交わりを結び、以後、超然は月性にとってかけがえのない支援者となった。

近江の超然は近江犬上郡《いぬがみのこおり》円照寺に生まれ、幼少から学を好み、宗学はもとより国学や和歌、漢詩文にも長じ、多くの教団史を著して、その才学を認められて西本願寺法主広如《こうにょ》上人に重用されていた、宗門屈指の学僧であった。月性を法主に推挙したのも超然である。超然も勤皇僧であったことから月性の志と合致していた。

このような深い結びつきが月性の京畿での活躍の場を広げていくことになり、ついには教団中枢に送り込むきっかけとなったのである。月性の教団での活躍は超然の引き立てがあってはじめて可能だったといえよう。

吉田松陰との親交

安政元年、月性は遠崎の自坊にあって春以来の激動する世情の動きを顧みていた。ときに日米和親条約の締結、下田・箱舘の開港を未曾有の国辱と断じて、皇国護持のために藩主毛利敬親《たかちか》の蹶起《けっき》を願って一気呵成に「封事草稿」一編を書き上げて知人に示した。

野山獄で越年した吉田松陰は、獄舎にあってこれを読み、大いに月性の説に感激した。松陰は、まだ月性とは一面識もなかったが黙止する気になれなかったらしく、安政二年三月九日、月性にあてて「浮屠清狂に与ふる書」と一文を草している。

たまたま萩にきた月性が松陰の実家杉宅に泊まり、二、三の人と会合するという知らせを受けた松陰は、自身の考えを書に示したのである。こうしたことから両者互いに意気投合するにいたった。

安政三年七月、月性が本山の求めに応じて上洛する際、松陰の送序にはつぎのように記している。

浄土真宗の清狂師、慷慨《こうがい》にして義を好み、天下を以て己が任と為し、其の法を以て村里を激励す。村里信従して寔《まこと》に繁く徒あり。蓋《けだ》し聞く、其の徒、内本朝を崇び、外夷《い》狄《てき》を憤り、入りては家に孝に、出でては郷に義にして、禍福を怖《おそ》れず、死生を顧みず、凡そ其のかくの如き者、奴隷婦女に至るまで、靡然《びぜん》として風を成せりと。(「丙辰幽室文稿」)

月性の法談が、民衆もこぞって国のために身命をなげうつまでに感動させる教化力を持っていたことを物語っている。

むすびに

海防僧として異名をとった月性は熱のこもった話しぶりで聴衆をひきつけ、並はずれた情熱と話才を持ち合わせていた。しかし安政五年、四十二歳という若さで亡くなった。彼と深い親交のあった、吉田松陰、頼三樹三郎《らいみきさぶろう》、梅田雲浜らは安政の大獄により処刑された。勤皇僧宇都宮黙霖《うつのみやもくりん》は、連座したが、僧籍にあったため釈《しゃく》された。梁川星巌《やながわせいがん》は幕府に捕縛される寸前に病死している。海防を強く唱えた月性も安政の大獄まで生きていたら、おそらく何らかの罪に処せられたにちがいない。

平成十五年十月五日、月性の師、恒遠醒窓生誕二百年記念式典が、豊前市薬師寺で盛大に催された。財団法人「僧月性顕彰会」を代表して山口県大畠町長も出席され、また日田からは廣瀬淡窓の顕彰会からも出席された。

今に至るまで漢学私塾における師弟関係の交誼が続いていることに深い感銘を覚えたのである。

釈月性上人略年譜

文化十四年（1817）
周防国大島郡遠崎村の妙円寺に生まれる。母は尾上、父は祇城

文政十二年（1829）
西本願寺にて得度すと伝う

天保二年（1831）
豊前国薬師寺村の恒遠醒窓の蔵春園に入り、五年間、梨花寮に寓す

天保七年（1836）
三月、広島に遊び、坂井虎山に謁して詩を賦す。広島を経て九州に行き、佐賀与賀町の善定寺の不及師の門に入る

天保十一年（1840）
十月下旬、天保二年以来の詩千首

中より七十首を選び、一巻として同社師友に贈り批評を乞う

天保十四年（1843）

八月、将に東遊せんとして「男児立志」の詩を作る。閏九月二十八日津城に斎藤拙堂を訪い詩を呈す

弘化元年（1844）

五月、叔父覚応（龍護）に伴われて上京、その学友で学僧として著名な超然に初めて接した。以後、超然の知遇を得る。この年、北陸の遊歴の旅に出た

嘉永元年（1848）

四月、この頃より、「清狂草堂」（時習館）を開塾する

嘉永二年（1849）

この年、「蔵春園」にて恒遠醒窓が肥前松浦乾齋公の聘に応じて平戸に赴いた際、同塾の代講をなす

嘉永五年（1852）

妙円寺九代周邦が隠居し、月性がその跡を継いで第十代住職となった。四月二十五日、周邦の娘梅野と結婚

嘉永六年（1853）

六月三日、アメリカ提督ペリー浦賀に来航、長州藩大森海岸を警備す。某日、米艦来るの詩を作り前参政の村田清風に送り、清風が早くより軍備を充実した先見性を賞賛した

安政元年（1854）

三月三日、日米和親条約に調印。九月、大坂湾にロシア軍艦が入った。月性驚きて詩を作る。吉田松陰は下田において米艦に投じて外国への密航を企てたが拒絶されて失敗に終わり、自首して獄に囚われる

安政二年（1855）

五月二十五日、村田清風没す（七十三歳）。六月朔日、清風を輓する詩を作る

安政三年（1856）

三月二日、松陰の『獄舎吟稿』に批点し、四月某日、松陰の『乙卯稿』を閲し、『咏史』『獄舎吟稿』を批評した

安政三年（1856）

十月、『仏法護国論』を刻して知己に分かった

安政四年（1857）

十二月四日、母尾上没す（六十七歳）

安政五年（1858）

四月二十九日、室津に行き長尾家に立ち寄り発病。五月二日、病気容易ならざるため上関より遠崎に帰る。五月十一日、辞世を遺して没す。享年四十二。五月十五日、松陰は梁川星巌に月性の死を報じ、星巌また慟哭して二絶句を賦してこれを弔う

明治二十四年（1891）

十二月十七日、正四位贈位

藩医として生きた漢詩人　西秋谷

西秋谷

はじめに

西秋谷《にししゅうこく》は、江戸幕末期、豊前の漢学私塾蔵春園《ぞうしゅんえん》を開塾した恒遠醒窓《つねとおせいそう》の弟である。また廣瀬淡窓《ひろせたんそう》が日田において開塾した咸宜園《かんぎえん》十八才子の筆頭にあげられた人物である。

彼は、譜代大名であった豊前小笠原藩十五万石の藩医として大いなる活躍をなし、維新後の明治中期まで生きて数々の逸話を残している。

彼の遺した漢詩遺稿から、歴史に埋もれた激動の時代をたどりながら、藩医として、また漢詩人としての彼の生涯と交流した人物について紹介したい。

西家の来歴

西氏家系の先祖は肥後の名高い家柄であった阿蘇氏である。後世になって東氏と西氏に分かれた。

西氏は肥後国八代郡山鹿城主となり、天正年中、左衛門督なる者がいた。隣国と兵を構えたが勝たず、豊後府内に奔《はし》り大友宗麟に頼って厚遇された。

彼は薙髪《ちはつ》して友鷗と号した。おりしも明の福州呉三宮の船が日本に来ていたので、海を渡って彼の明国に往き七年間滞在して医術を学び、また経史を修めた。そのかたわら兵法にも通じ、帰国して織田上総介に謁した。そして奇策を献じるとともに信長公に随って京都に至る。正親町院に召されて禁中にて論語・中庸を講じた。また中宮の疾《やまい》を治したという。

この時代、朝廷の府庫は乏しい状況にあったので、織田氏及び大友氏に説いて、金帛《きんぱく》を献じることを勧めた。その功により従五位上に叙せられ、「篷月齋」という号を賜った。晩年は致仕して旧里に帰った。

友鷗の六世の孫、玄周は一鷗と号して、もっとも医療を善くした。初めは熊本の加藤氏及び細川氏に仕えたが、のちに小倉藩の聘に応じて侍医となった。班は番頭に準じて禄高五百石、さらに同藩から別に薬園一区を賜った。朝廷もまた階を加えて法橋（僧位の第三位で、法印・法眼に次ぐ。中世・近世、僧侶に準じて仏師・絵師・連歌師・医師などに与えられた称号。法の橋）に叙した。子孫は世襲して七代伝わり、董庵《とうあん》に至って秋谷を養子に迎えたのである。

西家の長い来歴をひもとけば、養子として請われた秋谷がいかにすぐれた人物であったかを推量することができる。

西秋谷について

「秋谷西先生碑銘」等によれば、諱《いみな》は雍、字は子桑、通称運平、後に元禮と称しさらに春庵と称した。秋谷は号である。彼は、文化六（一八〇九）年十二月二十九日、豊前国上毛郡薬師寺村（現・豊前市薬師寺）の恒遠醒窓の弟として生まれた。父恒遠傳内の第四子である。

醒窓の嗣子、恒遠精齋の叔父にあたる。十二歳にして日田咸宜園の廣瀬淡窓に学び、ついに都講（塾生の長。塾頭）となった。

また福岡の儒者亀井昭陽について古学を学び、学問の深い境地に到達している。

天保四（一八三三）年、長崎に往き洋書を竹内氏に学んだ。天保七年、熊本に至り、深水氏と町野氏から「肘後方」という古典的な医書に学んだ。

天保十一年、三十二歳のときに京都に遊学して諸名医を訪い、脚気、痘瘡、産科などの医術を究め、その豊富な知識と卓抜なる医術の才能により西氏の養子となり、ついに豊前小倉藩主の侍医に挙げられた。

　明治元年、秋谷が五十九歳のときには、老を告げて閑居したが、この年には小倉藩が医学寮を設けるにおよんで、その教頭となった。さらに明治十三年、秋谷が七十二歳のとき、小倉中学に一等助教として職を奉じた。しかしこれも辞して明

西秋谷肖像

治十八（一八八五）年、七十七歳のときには京都に遊んだ。彼は詩人としての遊びも心得ていたようである。有名な長崎の花月楼等で随分と遊んでいる。

家族的には、妻を小澤氏から娶り、三男五女を生んだが、皆夭折して独り第三女のみ生存した。このため、逆縁によって夭折した幼い子どものために、追悼の詩を遺している。

秋谷は、明治二十五年三月になって烈しい流行性感冒に罹った。もはや死期が近いことを悟った秋谷は自ら筆をとって、位牌に「秋谷先生霊位、法號釋善位強病自書」と文字を書し、同月二十九日に没した。

村上仏山との出会い

豊前稗田村（現・行橋市上稗田）に私塾水哉園《すいさいえん》を開いた村上仏山とはとくに親交が深かった。仏山の名は剛、字は大有で、仏山は号である。

仏山は幼時、筑前の儒者亀井昭陽に学んだ。のち、福岡藩の支藩、秋月藩儒の原古処とその子、白圭に学んだ。人となりは温厚和平、詩をよくたしなみ、当時の漢詩人の誰もが願った漢詩集、「仏山堂詩鈔」の上梓を果たしている。

当時、仏山は「仏山堂詩鈔」の上梓により一躍全国的にも有名な詩人となっていた。仏山は「仏山堂詩鈔」第三編を上梓するにあたり秋谷の題跋を求めた。彼は仏山に謝してつぎのような詩を作っている。

題佛山堂詩鈔後
滾滾詞源萬斛泉　人間爭觀謫神仙
筆鋒新鑿五丁道　横絶眉山最上巓

仏山堂詩鈔の後に題す
滾々《こんこん》たる詞源　万斛《ばんこく》の泉
人間に争観す　謫《たく》神仙
筆鋒　新たに鑿《うが》つ五丁の道
横絶す眉山　最上の巓《てん》

長年、詩文の唱酬《しょうしゅう》を重ねて心胆相照らす間柄であったことを物語る七絶である。

仏山はその号のとおり仏教を信仰した。ところが秋谷が仏教を信仰するようになったのは、彼が晩年になってからであった。

仏山が京都郡の犀川にいたときに、朝方、突然秋谷が訪問して来ることがあった。秋谷が仏教を悪く言うことを知っていた仏山はかねて門人に言い含めて、秋谷が訪ねて来たら早く知らせよと申し付けていた。訪ねて来るときは、仏山は読経を止めたという。

ところが秋谷は晩年になって仏教を信仰するようになった。秋谷が医者として多くの患者の死を看取るうちに、信仰にいたる動機があったのだという。

仏教を深く信仰した患者が死に瀕する際の脈拍が、信仰をしていない人と異なることに気づいたことによるという。

秋谷が仏教を深く信仰するようになったのは、七十一歳ごろ、つまり彼が亡くなる十三年前ということになる。『秋谷遺稿』（私家版）の「念仏篇」に「我が年七十一」に始まる五言古詩のなかで「一旦前罪を悔い、阿弥陀仏を賞賛す」という句がある。明治十二年、最も親交の深かった村上仏山が七十歳で亡くなったが、このことも彼が仏教を信仰するようになった大きな動機であったと思われる。

西秋谷の逸話

秋谷は咸宜園に入塾後、その学業は抜群であったために都講となった。いわゆる宜園十八才子として淡窓は十八人を選んだが、秋谷をその称首、つまり筆頭にあげている。ちなみに秋谷の外に、筑後の中村文甫、釈敲月、釈徳令、周防の杉山威八郎、彦山の役参義、日向の秋月橘門《きつもん》、中津の釈蘭溪などが才子に数えられている。

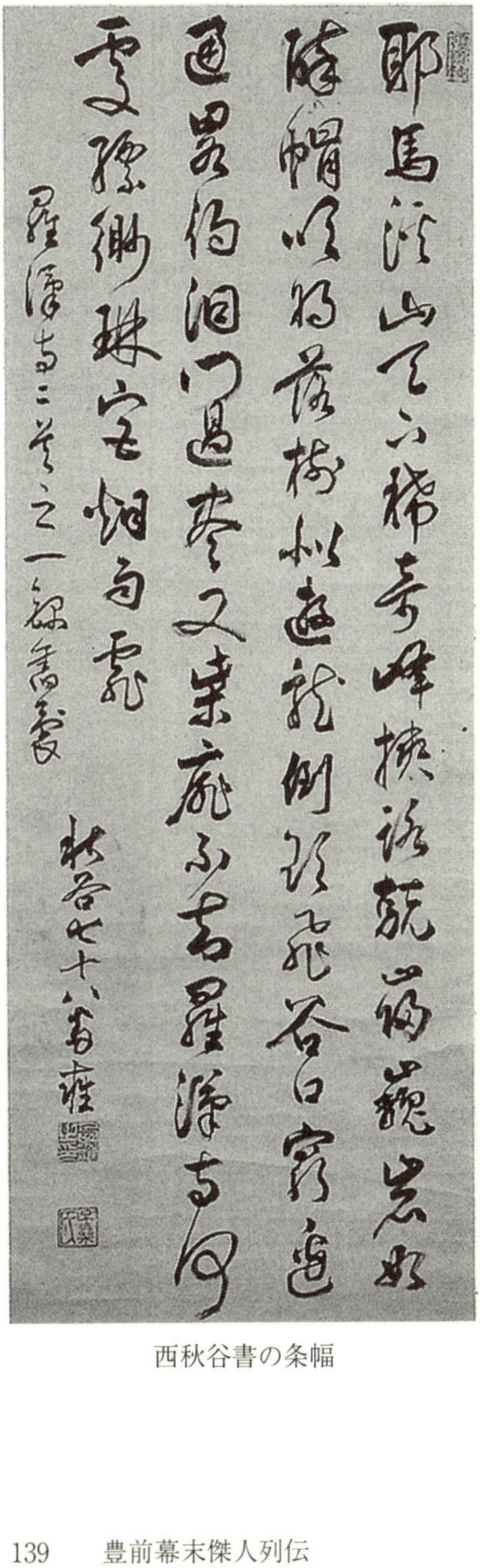

西秋谷書の条幅

漢詩人であった淡窓が、いかに高く秋谷の才能を評価していたかということである。淡窓は、秋谷が西家の養子となり医業を継ぐことになったと聞いて、「惜しいことだ」と言ったという逸話がある。

淡窓は秋谷の才を愛し、「子を生まば当《まさ》に李亜子の如くなるべし」という語は、秋谷にも応用すべしと言って賞めたと伝えられている。

秋谷もまた医業を継いで後に文学の道から遠ざかり、同窓に遅れをとったことを遺憾とし、家族に対しても「俺は医者になったから、学問に後れた」と文学を廃したことを悔やんで常に嘆声を洩らしていたという。

蔵春園を開塾した兄の恒遠醒窓や、水哉園を開塾した村上仏山と同様に、文学と教育の道を歩みたいという強い願望があったことを窺わせる逸話である。

「紺屋の白袴、医者の不養生」という諺がある。しかし秋谷はその諺にあてはまらない生き方であった。

「秋谷西先生碑銘」によれば、秋谷の性格は淡にして情は真とあり、声を出せば鐘の如く、平生、酒を嗜むが、三蕉葉を過ぎず、つまりわずかに盃三杯ほどであったとある。このようにつねに健康の管理に徹した秋谷は、耳目聡明、つまり晩年になっても、耳もよく聞こえて眼鏡も用いなかったし、高齢になるまで杖をつかなかったという。そのために「不老仙」と称されるほどの長寿を保った。その養生法は飽食を避けることにあった。間食は禁物であり、人間は三度の食事以外は間食をするに及ばないという主義であった。孫児が幼いころ、餅を買って食べたいと駄々をこねたときに秋谷から大いに叱られたという。

藩医としての西秋谷

秋谷は八十四歳まで生きて、当時としては長寿であったために侍医として五君に仕えている。また、秋谷は小倉藩医の養子となり西氏を嗣いだことにより、歴代藩主の東行に六回も随行している。

慶応元（一八六五）年より薩長が提携して反幕の気勢をあげたことから、慶応二年、幕府は第二次長州征伐を各藩に命令した。このとき小倉藩主忠幹は前年に没していたが、戦時下のためこれを秘して小倉藩は幕府の九州口の先鋒となった。六月十七日、七月三日と奇兵隊の先制攻撃により、門司方面を占領されたが、六月二十七日の赤坂・延命寺の戦い

小倉庭園から見る小倉城（柏木實・時田房恵他著『北九州を歩く』海鳥社刊より転載）

では細川藩の協力により撃退した。しかし、将軍家茂の死去により各藩が撤兵したために、小倉藩は孤立した。このままでは長州藩と戦うことは不利と判断して、八月一日小倉城を自焼するとともに田川郡香春に藩庁を移して迎撃の陣を構えた。

幼かった世子（忠忱《ただのぶ》）と藩主夫人一行は、肥後の細川藩に身を寄せた。このときのあわただしい状況や、遠い肥後熊本までの旅の状況を秋谷は詩文に遺している。

詩文によると、藩主夫人と世子一行は、慶応二年八月一日、雨のなかを木部嶺の関所を越えて採銅所に宿泊し、同二日には添田駅に宿泊、三日は正木村、四日には猪膝駅に着き、ここで秋谷は熊本に赴く藩主夫人一行を見送っている。

藩主夫人と世子は駕籠《かご》であったが、諸公女つまり、身分の高い上家士の娘たちは徒歩であり、諸婢たちにあっては跣足《せんそく》であったとある。いかに厳しい旅であったかを窺い知ることができる。

秋谷は、城が自焼される数日前から城中にあったため、自分の屋敷に立ち帰ることができず、家族の消息をつかめないまま藩主夫人等と四日間を過ごし、赤村に赴いてようやく妻子の所在を探索させている。

当時、熊本に向かう藩主夫人一行の後を追う婦女子一行の惨めな様子を詠じた七絶がある。

秋月路上所見
婦女提携一萬人　幾群行色似流民
筍皮裹飯匆匆去　不識元朝又立春

秋月路上所見
婦女　提携す一万人

幾群の行色　流民に似たり
筍皮の裹飯《か》　匆々《そうそう》にして去り
識《し》らず元朝　又た立春なるを

あわただしい逃避行であったこと。さながら流民のようであったことが、この七絶に如実に詠じられている。また混乱のなか、肥後への長旅であり、藩主夫人と世子を護る侍医として随ったために、家族とはバラバラであったことがつぎの詩によって明らかである。

府中驛邂逅妻女
弱女胼胝歩不前　痩妻蓬髪更皤然
相逢驚喜翻成哭　古驛寒風飛雪天

府中駅にて妻女に邂逅《かいこう》す
弱女　胼胝《たこ》　歩けども前まず
痩妻《そうさい》の蓬髪《ほうはつ》　更に皤然《はぜん》たり

相い逢ふて驚喜し黐成して哭く
古駅　寒風　飛雪の天

秋谷は筑前甘木より肥後に赴き、妻と子どもは上毛郡より日田を経て肥後に到着、飛雪の最中、正月二日に熊本城下で再会して驚喜《きようき》雀躍《じやくやく》する様子が赤裸々に綴られている。

戦に敗れて小倉城や武家屋敷などを自焼した後の、藩士の多くは秋谷の家族と同様な辛酸をなめたことであろう。熊本では、慰安もしくは行楽の機会もあったものと思われる。

秋谷の「八十自寿」の律詩には、当時、彼が肥後の阿蘇岳に登ったことが詠じられている。

八十自壽

身落紅塵八十年　東西官跡夢依然
馬頭風雪凾關道　杖底煙雲蘇嶽巓
貧至屢空銷傲骨　老而不死作頑仙
従今更溶清明澤　曝背優遊花月天

八十自寿
身は紅塵《こうじん》に落ちて八十年
東西の官跡　夢依然たり
馬頭の風雪　函關《かんかん》の道
杖底の煙雲　蘇岳の巓《てん》
貧は屢空《るくう》に至りて　傲骨《ごうこつ》銷ない
老いて　死せず　頑仙と作る
今より更に溶ける清明の沢
背を曝《さら》して優遊す　花月の天

漢詩人としての西秋谷

秋谷の性格は淡泊で、しかも何事にも無頓着であったことは有名である。人の顔を忘れることは有名であったが、自分の作った詩や添削をした他人の詩は記憶して忘れなかった。彼の詩は多く即興で作る流儀であった。つまり興が乗った時に詩が生まれた。

「秋谷西先生碑銘」によれば、彼は中国の詩人、白居易《はつきょい》や蘇東坡《そとうば》を慕ったとある。

そして村上仏山・長梅外《ちょうばいがい》・平野五岳《ひらのごがく》・秋月橘門《あきづききつもん》等と詩文を唱酬し、中津の戸早春邨《とはやしゅんそん》や友石惕堂《ともいしてきどう》とも親しかった。

冬、秋谷が炬燵に入って櫓（こたつの上をおおう台、こたつやぐら）をしきりにこつこつと打っている時は、すなわち詩を案じているときだと家族は思ったそうである。また人と対話している途中、応答を中断するときがあったが、そのときも詩を案じていた様子で、突然「ああできた！」と叫ぶので、相手がびっくりさせられたという。

漢詩人としての秋谷の八十歳の賀筵《がえん》には全国から多くの漢詩人が詩を贈っている。著名な詩人の数名を挙げると、中村敬宇《なかむらけいう》・三島中洲《みしまちゅうしゅう》・森春濤《もりしゅんとう》・森槐南《もりかいなん》・岡本黄石《おかもとこうせき》・末松謙澄《すえまつのりずみ》などがいる。おそらく全国的に秋谷の名が知れ渡っていたのであろう。

むすびに

咸宜園の逸材であった西秋谷は、幕末動乱の小倉藩の藩医として医業を主としながらも、生涯、漢詩人としての気概を持ち続けた。幕末から明治は漢詩文学が大きく花ひらいた時代であった。

『秋谷遺稿』を一読しただけでも、先に挙げた詩人のほか、廣瀬《ひろせ》旭荘《ぎょくそう》、廣瀬《ひろせ》林外《りんがい》など多くの漢詩人と交流した様子が伝わってくる。

興に乗れば、ただちに漢詩ができたのは、詩人としての意識をつねに持ち続けていたからであろう。

東京に在住していた親友の吉雄菊濱が強く秋谷に詩集出版を勧めた手紙が残っている。詩人であれば自分の詩集を世に残したいと強く思うのが自然であるが、秋谷も例外ではなかったようである。

その証拠に『秋谷遺稿』には、村上仏山の作詩した「秋谷翁詩稿の後に題す」という二首の律詩が掲載されている。健康に恵まれて長寿であった彼には、いずれ詩集を上梓する計画があったものと推量される。惜しむらくは予期せぬ流行性の急病によって死亡したために「遺稿集」のかたちになったことである。

現在の『秋谷遺稿』は彼の死後、昭和三年四月に上梓された。友石文斐と山口亭一両氏が校閲しているが、例言には、秋谷の七十歳以前の詩は、多くを集録することができなかったこと、また七十歳以後においても完稿ではないと断っている。

西秋谷略年譜

文化六年（1809）
十二月二十九日、豊前国上毛郡薬師寺の恒遠家に生まれた

天保四年（1833）
長崎に往き、洋書を竹内氏に学んだ

天保七年（1836）
熊本に至り、深水氏と町野氏から「肘後方」という古典的な医書に学んだ。このころ、小倉藩医西家の養子となる

天保十一年（1840）
京都に遊学し、諸名医を訪う。脚気、痘瘡、産科などを講究した

慶応二年（1866）
長州との戦争に敗れた小倉藩は、城を自焼して香春に藩庁を移した

明治元年（1868）
老いを告げて閑居するも、藩は医学寮を設けて、その教頭とした

明治十三年（1880）
小倉中学の一等助教となるも、久しからずして辞した

明治十八年（1885）
京都に遊ぶ

明治二十五年（1892）
三月二十九日没した。享年八十四

真宗豊前学派を大成した高僧　東陽円月

東陽円月

はじめに

平成十五（二〇〇三）年に恒遠醒窓《つねとおせいそう》生誕二百年の記念祝典が盛大に催された。その祝典を機に翌年には、郷土史家宮本工《たくみ》氏を中心とした有志によって、碩儒恒遠醒窓先生を顕彰する会が起ち上げられた。以後、毎年一回、豊前市薬師寺の集会所において総会と講演会が催され、また醒窓に関係する史跡探訪なども行われている。

顕彰会総会の折りに宮本工会長より『東陽円月吟稿《とうようえんげつぎんこう》』（私家版）という漢詩集をお借りした。それが東陽円月という学僧を詳しく知る機会となった。

彼は、真宗西本願寺派において豊前学派を確立した学僧として大いなる活躍をした人物である。

恒遠醒窓は私塾蔵春園《ぞうしゅんえん》において多くの人材を育成し、漢詩によって塾生の情操を涵養する人間教育を重視した。その結果、必然的に塾内には多くの漢詩人が誕生した。なかでも東陽円月は醒窓が愛した二十二人の高弟のうちの一人である。

彼の遺した漢詩稿を読むと、幕末から明治維新、さらに新しい時代までのめまぐるしい社会の動きが伝わってくる。彼の強い意志と行動力にあふれた、人間的な魅力のある生涯についてその足跡をたどってみたい。

東陽円月肖像

豊前における西本願寺派の古刹

西光寺

東陽円月は、豊前宇佐郡水崎村（現・豊後高田市水崎）西光寺円超の五子であった。西光寺は宇佐市と豊後高田市の境界となる寄藻川《よりもがわ》が近くに流れ、すぐ近くには豊前海が広がっている。

私は、平成二十三年十一月十四日、西光寺に詣でて同寺十五世、前住職東陽圓龍師に直接お会いして、東陽円月和上の生涯について有益なお話を拝聴することができた。閲覧した「西光寺縁起」には、円月についてつぎのように記録されている。

室町時代の文亀三（一五〇三）年、豊前国宇佐郡封戸《ふべ》村戸郷水崎村の住人、水之江備中守森利、貴船神社勧請のために上洛、しばしば禁裏に出入りする中に四条高橋右衛門尉則浄と相知るに至る。当時、世上は動乱の折り、右衛門尉は西国に下向したいとの意向があった。即ち氏神加茂宮を勧請して共に供奉し、水崎の地に卜《ぼく》して貴船・加茂の社を相殿を以て祭祀す。水崎神社これなり。その後、水之江家は代々この地の豪族として土地を治め、四条家は後年、右衛門尉、本願寺の実如上人の化を受けて得度し、法名を教心と賜る。

このように西光寺は五百年以上の寺歴をもった名刹である。西光寺は安政の大地震で本堂が倒壊して以来、伽藍の再建が念願であったが、平成十五年、十五世圓龍師によって本堂が再建されている。

西光寺本堂（豊後高田市）

なお、同寺には東陽円月と息子円成の貴重な仏教関係の蔵書と、自ら著述した数多くの宗学資料が図書堂に収蔵されている。

東陽円月について

東陽円月の履歴については、浄満院圓月師頌徳碑《しょうとくひ》の両側面に刻まれている、龍谷勧学《りゅうこくかんがく》、島地黙雷《しまじもくらい》師の撰する碑文にその大要が述べられているが、さらに西光寺の縁起と『仏教大辞彙』（大山堂書店）の「浄満院東陽円月和上略伝」によって新たな事績を知ることができた。

東陽は姓、諱は円月、烏有子と号した。文政元（一八一八）年三月三日、豊前国宇佐郡封戸村西光寺の十一世の住職、円超師の五男として生まれた。

幼少のころより、円超のもとで習字・経書を学ぶ。

性格は聡敏にして十一歳のときに本山で得度し、天保十一（一八四〇）年、十四歳から蔵春園に入門して恒遠醒窓に学び漢籍を修めて都講（塾頭）にもなった。

二十歳のときに、豊前の宇佐郡柳ヶ浦（現・宇佐市長洲）蓮光寺の覚照司教について宗学を学び、二十三歳から豊前今津（現・中津市今津）浄光寺の円珠勧学についてこれを磨き、二十七歳にして本山の学林に入学した。その後さらに肥後の慶恩《きようおん》らから宗学を学んだ。また断鎧《だんがい》などの諸老に就いて宗学を研究し、三十二歳にして天台学を島地黙雷《しまじもくらい》に受けた。

元治元（一八六四）年、四十四歳のときに本願寺の命により長崎に御用講に出張した。そのことで西洋文明に深い関心を持つようになった。彼は布教に際しても医学や本草学の話をまじえて民と密着する態度を取った。また四十四歳のときには西光寺に東陽学寮を開いている。

彼の学識と医学の知識に惹かれた多くの青年たちは、こぞって円月の東陽学寮に入門し、それは発展して修道院となり、さらに修道会となって存続していった。

五十四歳にして助教に進み、五十七歳にして司教に累進する。五十九歳のときには、宇島の豪商、小今井潤治が私財を投じて創設した真宗教校乗桂校の教授を務めた。

明治二十（一八八七）年、真宗学派の学階は勧学に上り、堂班は上座一等となった。ときに年齢七十歳。本山の命により教務に従事すること三十七年にもおよんだ。

その間、法主に扈従《こじゅう》（随行）し、あるいは学林を督励《とくれい》し、あるいは別院を育成した。その学を奨め布教する功績は偉大なものがあり、賞典褒賜は枚挙にいとまがないほどであった。明治二十三年の夏には安居。本講師となり大学林において「愚禿鈔」を講じたが、その際にいわゆる一念滅罪論の問題について議論を巻き起こし、停講を命じられる。

しかし円月はこれに屈せず奮励して益々祖典を講じたため、強く停講を命ぜられると、つぎのような漢詩一絶を残して孤錫飄然《こしゃくひょうぜん》として故郷に帰ったとある（『仏教大辞彙』）。

暗裡投珠人按劍
空中帯瞖眼生花
一宵有感不成眠
坐見西窓月影斜

暗裡　珠を投ずれば　人剣を按ず
空中　瞖《えい》に帯び　眼花を生ず
一宵　感有りて眠りを成さず
坐に見る西窓　月影斜めなり

七十三歳にして、西光寺にもどってふたたび東陽学寮を起こして育英につとめた。彼の育英に従事すること四十余年に及び、その生徒は数千人になったと思われるが、円月は学閥の弊害を悪《にく》んで門生を入門簿などに記録しなかった。

また円月の著書は百余部に及んだ。円月は才能に秀でていたが、性格は、身を持することと厳格にして、つねに規律を重んじて、克己制欲《こっきせいよく》して放逸の態度を見せたことはなかった。彼は宗学のほかに、詩歌や俳句をはじめ茶道・華道、諸技にいたるまで造詣が深かったために、近郷の士女たちは仏教に縁を持つものが少なくなかったという。

明治三十五年十二月七日、入寂。齢八十六。浄満院と諡《おくりな》した。

豊前学派について

明治維新は王政復古と祭政一致の理念をかかげて実現された。慶応四（一八六八）年には神仏分離の布告、日吉山王社《ひよしさんのう》の廃仏毀釈《はいぶつきしゃく》などによって仏教に与えた衝撃は大きかった。廃仏毀釈はいわば、朝廷という新しい権力の権威と威力をもって強引になされたものであった。

それを受けた仏教界のなかでも重要な動向は、東西両本願寺であった。両本願寺は新政府に対して財政的な貢献を行っており、新政府も両本願寺に依存するところも大であったから、真宗の勢いは必ずしも衰退に向かっていたわけではなかった。

しかし、国内では、開国とともに今まで禁じられていたキリスト教の布教活動が明治六（一八七三）年に認められたことにより、その活動が活発化する状況にあった。つまり仏教界では、廃仏毀釈とキリスト教布教という、二重の問題をかかえて動揺していたことになる。

幕末の情勢において東本願寺は佐幕的であったが、西本願寺はその門末においては釈月性のような勤皇僧の活躍が顕著であった。

さらに、西本願寺派では大洲鉄然《おおずてつねん》・島地黙雷・赤松連城《あかまつれんじょう》、東本願寺派では石川舜台・松本白華《まつもとはっか》など、新時代を代表する新しいタイプの僧侶が活発な活動をするようになった。

こうした情勢のなかにおいて西本願寺では、本山教団内部において学派の対立が起こっていた。

豊前学派について、『維新の先覚月性の研究』（月性顕彰会）にその詳しい記述がある。円月には、まず仏教を経世《けいせい》の実用の宗教として社会に役立てようとする意識が高かったことが挙げられる。

実用の学は、これまで中津を中心に国東地方で尊ばれて、三浦梅園《みうらばいえん》や帆足万里《ほあしばんり》らの学者を輩出してきた。そんな風潮がある豊後や豊前地方で布教活動にあたる円月にとって、教団中央の形骸化した宗教活動から脱皮した、豊前学派と称される活動が活発化することになった。

宗教的、専門的な解釈になるが、当時の西本願寺教団内においては、教学問題で最も活発な二つの論争がなされていた。その一つは行信論であった。名号の威徳を聞信する一念に往生が確定するという考え方から、名号を重視する名号説（所行説）と呼ばれた。また一方は、名号を唱えればその名号力によって往生を得るとする称名説（能行説）があり、互いに論争していた。

円月の豊前学派は、その折衷説として、親鸞の唱えた真実行は「能行不二」の大行であるとする立場をとったといわれている。

西光寺庭園に建立された
浄満院円月師の頌徳碑

能行とは所行に対する名目。すなわち六字名号（南無阿弥陀仏）を口に唱えることをいう。能《よ》く称《たた》える行という意味である。円月は、さらに言えば折衷説というよりも、折衷説の形をとりながら「能行的行信論」を発展させたものと述べている（詳細については『維新の先覚月性の研究』を参照）。つまり豊前学派は「南無阿弥陀仏」の名号を唱えることによって宗教的な法悦を求める民衆に密着するという、いわば現実主義の見地に立った学派だったといえよう。

円月が交友した人物

釈月性

円月が交流を深めた人物の第一に、先に述べた勤皇僧、釈月性が挙げられる。二人は蔵春園の同期であった。西光寺に所蔵される「明細帳」には円月に関してつぎのような記述がある。

学歴　十四才ニシテ豊前国上毛郡薬師寺村遠帆楼恒遠轟谷（醒窓の別号－筆者註）先生ニ就テ漢籍ヲ学ヒ、釈清狂道人（月性－筆者註）トハ刎頸ノ友タリシ、二十才にして都講ニ任セラル

円月と月性は性格的には、相い反する面を持つが、同じ真宗の僧侶であり、また、漢詩人としてお互いに切磋琢磨する親友であったことから、師の醒窓に愛された高弟であった。二人は同じ宗門にあったことから、塾内で教学や教団のあるべき姿について論じあい、

多くのものを学びとったことが想像される。

恒遠精斎

醍窓の嗣子である精斎と円月が深い結びつきを持ったのは、先に述べたように、小今井潤治が開校した乗桂校という教校の教授の時代と伝えられている。

年齢的には円月が二十四歳も年長であり、円月がかなりの先輩であった。もともと、恒遠家の宗派は代々真宗であったから、精斎も当然に仏教についての関心も深かった。精斎は乗桂校の当時から円月に対して宗意について討尋していたにちがいない。

また互いに漢詩人であったから、詩会で分韻しての唱酬や批評を行っていたことも円月の吟稿に明らかである。

明治二十八年十一月、精斎は重い病に倒れたために、門人が円月に電報で危篤を報らせた。円月が水崎から車を走らせて駆けつけたときには精斎はすでに亡くなっていた。

『東陽円月吟稿』には、円月が精斎にたむけた弔詩三絶が載っている。そのなかの一絶には哀惜の念あふれる円月の心境がよく表れている。

空卽色兮色卽空
看來萬法盡融通
想君方入涅槃界
回顧生前霜樹風

空は即ち色　色即ち空
看来　万法　融通尽く
想う君　方《まさ》に涅槃《ねはん》界に入る
生前を回顧すれば　霜樹《そうじゅ》の風

東陽円月の逸話

師、醒窓の詩集『遠帆楼詩鈔』（前編）には、愛弟子二十二人のことを詠んだ詩を載せているが、そのなかに円月のことを詠んだ詩がある。

僧圓月
月公天授是奇才
佳句嚢中玉幾堆
多汝推敲長不倦
一年三度袖詩來

僧円月
月公　天授は是れ奇才
佳句　嚢中《のうちゅう》　玉幾堆《ぎょくいくたい》
多とす汝が推敲《すいこう》して長く倦《う》まざるを
一年　三度　詩を袖にして来たる

醒窓は、詩歌や文章推敲の故事とされる、唐の賈島《かとう》が自作の詩「僧推月下門」の「推《おす》」を「敲《たたく》」のいずれにするか苦心した逸話とあわせて、円月の熱心な作詩態度を誉めている。

実際に豊前から豊後高田市水崎の西光寺まで車を走らせてみるとかなりの距離である。

当時、徒歩にて遠路をいとわず一年に三度も上毛郡薬師寺村まで出向き、直接に、醒窓の謦咳《けいがい》に接して批正を受けたことが窺える詩である。

円月は真宗で最高の学僧の地位である勧学になったが、その生活態度はまことに謙虚であった。

円月は多感な少年時代の五年間、醒窓から『易経』にいう「謙は貴くして光りあり」という人間の生き方に強い感化を受けている。つまり謙虚な生き方について薫陶を得たことによるものと思われる。

僧は位階によって法衣や袈裟の色が異なる。しかし円月は位階を競う風潮をきびしく批判したうえで、自身は高僧でありながらつねに黒衣のみで通した。

またそのころは民衆への法話は、節回しのついた説教であったが、円月はこれをやめて平易なことばで諄々《じゅんじゅん》と話したという。

さらに円月は徹底的に祖典重視の立場であった。

このようなやり方は当時の宗教界ではきわめて異例であったうえに、教団指導層とは大きくかけ離れたものであった。真に民衆生活に密着していた活動であり、何人もそれを非難する余地のないほどすぐれた活動であった。

西光寺の住職が灯明を守った水崎神社

「神祇不拝」が真宗の教学上の一大特質として継承されていたが、円月とその一統はこれを積極的に否定する態度は取らず、むしろ妥協的であった。

たとえば、西光寺ではその当時、正月には必ず鏡餅を水崎神社に供え、それを参詣した人びとに配っており、「水崎神社の灯明をたやすな」が西光寺の寺訓になっていたという。

宇佐神宮の影響で、神祇と民衆が深く結びついた土壌を十分に知り尽くした円月の、徹底した現実重視の姿勢が豊前学派を生み出したともいえるのである。

また円月は、仏教を経世実用の宗教として社会に役立てようとする強い意識があったことは確かであった。

円月の『東陽円月吟稿』に「西光寺鐘銘」の詩が載っている。この鐘銘には、彼の神祇に対する思想が現れている。

西光寺鐘銘

昔在神社　今來道場
始終雖異　饒益無量
曉驚迷夢　悟世無常
日之將沒　注想西方
見佛聞法　聚於佛堂
度生死海　入涅槃城

西光寺鐘銘

昔　神社在り　今来　道場なり
始終　異ると雖《いえど》も　饒益《にょうやく》　量《かぎ》り無し
暁に迷夢に驚き　世の無常を悟る

日の将に没せんとし　西方に想を注げば
仏を見て法を聞くに　仏堂に聚《あつま》り
生死の海を度《わた》り　涅槃城《ねはんじょう》に入る

円月の社会事業と福祉活動

円月は郷里に帰っても、教団の教義（ドグマ）や地域の慣習にとらわれない教化活動を行った。このため国東半島では、円月の社会福祉運動は多くの成果とともに語り継がれている。

東陽円月が東陽学寮を起こしたのは、四十四歳であったが、まさに油の乗り切ったころである。自身も一介の学僧から本山での僧位を上りつつあった。しかし教化活動は、まず教育によって郷里の人々の意識を変えることが不可欠であることをよく認識していた。

豊後は、日田の天領や各藩の飛び地があったことから、幕末期には住民に対する初等教育の寺子屋が多かったことがわかる。寺子屋は、読み・書き・算盤の初等教育が主な目的であった。

したがって、豊後と隣接する豊前国宇佐郡においても、その影響をかなり受けていたことが考えられる。初等教育からさらに、知的欲求によって高い知識を学ぶ私塾教育が求められていたと思われる。現在、西光寺に残されている資料から推量しても、かなり高いレベルの教養を持っていたようである。

また福祉活動の面では、捨て子救済やハンセン氏病患者の救済などにも力を注いでいる。一方、彼は地方産業の育成と振興にも心を砕いており、寺に二十頭あまりの馬を飼って、農耕などに必要な農民たちに貸し与えている。

水崎は干拓に適した場所があったことから、その事業にも大きな貢献をなしている。深く民衆生活と結びついた教団活動は、その後、円月の子円成《えんじょう》に受け継がれ、さらに時代を経て仏教救世軍を創設した真田増丸《さなだますまる》という後継者に受け継がれて、大正期の社会に多大な影響を与えたのである。

西光寺とゆかりの詩人中原中也

今回、西光寺を訪ねて、詩人中原中也と西光寺との意外な結縁について知ることができた。

詩人中原中也は山口県の湯田で生まれた。家は代々吉敷毛利《よしきもうり》家に仕えた士族であった。父親の謙助は家業の医院を継ぎ、中原中也は長男として生まれ期待を一身に背負っていた。しかし山口中学に入学して以来、文学に熱中するうちに学業は身に入らず、成績は下がる一方であった。

そこで家庭教師であった村重正夫は西本願寺派の道場、西光寺に行くことを勧めた。中也は夏休みを利用して西光寺を訪ねている。当時の住職は円月の息子円成であった。大人になろうとする多感な年代に移行しつつあった中也は、同寺の道場において仏教にはじめて触れている。まさに詩人中原中也の多感な時代の本格的な宗教体験でもあった。彼は、その後しばらくは暇さえあれば念仏を唱えていたといわれており、「見神歌」という作品も生みだしている。

彼が詩人として大成する過程において、若き日の西光寺の仏教体験が以後の作品に深く影響したものと思われる。

東陽円月略年譜

文政元年（1818）
宇佐郡水崎村、真宗西光寺の十一世住職円超の五男として生まれた

天保二年（1831）
蔵春園に入門する。同期に釈月性がいる。五年在塾、その間に都講をつとめた

元治元年（1864）
本願寺の命により長崎に行く。西洋文明に深い関心を持ち、医学を学んだ

明治十一年（1878）
豊前国宇島に素封家小今井潤治によって設立された乗桂校に聘せられ教鞭を十三年間とる

明治二十年（1887）
勧学職となる

明治二十三年（1890）
七月、本山の学林において宗学を講ずるも講義の義解がおだやかでないと認められて停講を命じられる。西光寺に帰り、ふたたび東陽学寮を起し、爾来、十有余年、後学の育成にあたり、併せて著述に努める。また各地に巡錫して教化大いに挙がる

明治三十五年（1902）
八十六歳で入寂

漢学私塾「蔵春園」を継承した　恒遠精齋

恒遠精齋

はじめに

恒遠精齋《つねとおせいさい》は、江戸幕末期、豊前の漢学私塾蔵春園《ぞうしゅんえん》を開塾した恒遠醒窓《つねとおせいそう》の嗣子である。郷土史家、岡為造編著『豊前薬師寺村恒遠塾』（築上郡教育振興会）によれば、父親の醒窓と息子の精齋は二代にわたり七十年間という長い間、豊前の文教に尽くしたことが詳しく記録されている。

惜しくも入門簿の一部が散逸しているために正確な人数は把握できないが、塾の規模から見ても蔵春園で学んだ学生の数は約三千人あまりと推定されている。

幼いころから神童と噂された精齋の、教育者としての教育論や、漢詩人としての生涯をたどってみたい。

恒遠精齋について

蔵春園の庭内には、正二位勲一等侯爵西園寺公望公の篆額《てんがく》と、枢密顧問官正三位勲一等、文学博士子爵末松謙澄の撰文による精齋の頌徳碑《しょうとくひ》が建っている。

恒遠精齋肖像

その碑文と『豊前薬師寺村恒遠塾』などから彼の事績をたどってみよう。

恒遠精齋は天保十三（一八四二）年、三月一日、豊前国上毛郡薬師寺村（現・豊前市薬師寺）において恒遠醒窓の長男として生まれた。諱は仁、字は子信、通称は仁一郎、後に敬吉郎と改めた。初め旭峯または惟精齋の号を用いていたが、後にもっぱら精齋と号した。

醒窓の二配となった精齋の母は、上毛郡吉木村（現・豊前市吉木）の円光寺の娘であった。精齋は幼くして賢く、長ずるにしたがい詩を好《よ》くした。父の醒窓は豊後国日田の咸宜園《かんぎえん》で廣瀬淡窓《ひろせたんそう》について学び、後に薬師寺村に帰って漢学私塾「蔵春園」を開塾した碩儒である。

精齋は、父親が四十歳を過ぎて生まれた息子であったから、塾の跡を継がせることは無理だと考え、兄、披雲の三男、恒遠香農（一八二三〜五九）を養子として迎えた。

そして精齋は、豊前国中津藩の藩儒、侍講《じこう》であった山川玉樵《やまかわぎょくしょう》の養子となって山川家で育った。玉樵の父親の山川東林も著名な藩儒であり、山川玉樵は中津城下の新魚町で私塾山川塾を経営していた。

ところが安政六（一八五九）年に香農が病死したことにより、精齋は父醒窓のもとに呼び戻された。山川玉樵にしてみれば、塾の後継者として育てていたところであり、掌中の珠を失った心境であったものと想像される。精齋は幼いころから抜きん出て利発であったことから、山川家との養子縁組の解消はそう簡単でなかったにちがいない。

蔵春園にもどったとき、精齋はすでに十八歳になっていた。この年に醒窓は西本願寺の龍谷法主の招聘《しょうへい》に応じることになり、精齋と弟の経岳（勇三郎）の二人は、父に伴われて京都の真宗本派の本山西本願寺に寄寓した。

醒窓は緇徒《しと》（僧侶）のために経書を講じ、その間、精齋と経岳は西本願寺の所蔵する貴重な書籍を読むかたわら詩を作った。西本願寺内には、九州の豊前国から二人の神童が来たという噂が広まり、緇徒たちが入れ替わり立ち替わり精齋と経岳を見にきたという逸話が残っている。

蔵春園に建つ恒遠醒齋頌徳碑

豊前に帰ると、精齋は、義兄香農が師事した崎門学の碩儒月《つき》田《た》蒙齋《もうさい》に学ぶため、肥後の長州に遊学した。

しかし、元治元（一八六四）年、醒窓が死去したため、帰国して二十三歳で家督を継ぎ、蔵春園の経営と門弟の教育にあたることになった。

精齋の名が次第に世に知られるようになると、蔵春園には東海や北陸の遠方からも教えを乞う者が入門した。

明治元（一八六八）年、二十七歳で小倉藩の小笠原忠忱《ただのぶ》公の侍講《じこう》となり、六人扶持を賜り、抜擢されて士班に列せられた。明治十年、真宗学徒のため、豊前宇島《うのしま》（現・豊前市八屋）に開闢《かいびゃく》教校が開設され、本山から龍谷法主が落成式に臨まれた。その際には、三十六歳の精齋は特に聘せられて『論語』の「学而篇」を講義して法主を感銘させたという。

さらに豊前の豪商・万屋、小今井潤治の浄財によって三本松に真宗学徒のための「乗桂教校」が開設された際には、抜擢されて同校の教授となった。

明治維新を迎え、新政府により学制が定められたことから、明治十一（一八七八）年、蔵春園を私立蔵春学校と改称した。明治十七年、四十二歳のときには、文部省より、多年の育英の功労を賞せられて一等賞を授けられている。

明治二十五年、五十一歳のときには、西本願寺門龍谷法主の招きにより京都に赴き、西本願寺文学寮において書を講じた。晩年になってからの西本願寺への招聘は、宇島での龍谷法主との初めての出会いが、その後の機縁につながったと伝えられている。

文学寮には二年間余りいたが、病にかかったために故郷の薬師寺村に帰った。床について数カ月後、明治二十八年十一月六日に没した。五十四歳の若さであった。門人たちは清簡先生と諡《おくりな》して父醒窓の墓の隣に葬った。

精齋は、はじめ、宇佐郡猿渡村（現・宇佐市猿渡）の田口氏の女を娶り一男一女をもうけた。一女は豊後の光國寺住職、稲田静雄師に嫁した。一男は後の漢学の先生となった恒遠麟次である。令室が早く世を去ったために、二配として同族の恒遠譲輔（号秋渚）の四女を娶り、一男、三女をもうけた。

恒遠精齋の学統と蔵春園の教育

精齋は前に述べたように、山崎闇齋《やまざきあんさい》から続いてきた崎門学派に学んだ。その学統をたどってみると、まず闇齋は、経学派となり、史学派となり、垂加《すいか》流神道派を創った人であり、それらは多くの門人たちに伝えられた。

さらにその流れを追ってみると、朱子学の直系としての闇齋は三宅尚齋《みやけしょうさい》に伝え、尚齋は久米訂齋《くめていさい》に伝え、訂齋《さい》は宇井黙齋《ういもくさい》に伝え、黙齋は千手廉齋《せんじゅれんさい》に伝え、廉齋はその子の謙齋《けんさい》に伝え、謙齋は月田蒙齋《つきたもうさい》に伝え、精齋は蒙齋に学んだのである。

精齋はその間に、福岡の亀井学につらなる廣瀬淡窓の学流を汲んだ父醒窓にも薫陶を受けている。

精齋は、月田蒙齋に学んだ年月や経緯から主として学派の主体は朱子学であった。

師の蒙斎が易理（易経の理）にくわしく、また父醒窓も易理に通じていたために、精斎がこの道に傾倒したことは自然の流れであった。『易経』とは、中国周代の占いの書をもとにして倫理道徳を説いた書で、五経のひとつである。

精斎は、子弟を教育するにあたり『易経』の「易理中」の語、「謙は尊くして光あり」と、「繫辞下伝」の「屈伸感応の理」を主旨とした。

「謙は尊くして光あり」とは、易の謙卦に、「謙は尊くして而して光りあり、卑しくして而して踰《こ》ゆ可からず、君子の終りなり」とある。これが即ちその出典である。「卑くして而して踰ゆ可らず」とは、謙を持つ人は如何に卑下の地位にいる人でも、これを侮《あなど》ってその上を越え、その頭を踏んで行くことはできない。卑しい所にいればいるほど、人が尊んで来る。これが君子がはじめから守ってきた、謙徳を変ぜず終を全うする所以《ゆえん》の意味である（『豊前薬師寺村恒遠塾』）。

また『易経』「繫辞下伝」にいう「屈伸感応の理」とは、醒窓が塾生に「告諭《こくゆ》」（現在の生徒心得に値する）として示した二十二カ条のなかの第三条に説かれている。

「易に屈伸の理を説けり、是れ学者の第一に心得う可《べ》き事なり。故に我が塾には席序を設け、如何様発達の輩も、最初は人の下に居、年月精を入れ候上は、上達を遂げ一塾の長と相い任じ候様申し致し候、是れ即ち屈伸の理なり」（『豊前薬師寺村恒遠塾』掲載の「告諭」読み下し）とある。

中村十生著『新豊前人物評傳』（新豊前人物評伝刊行会）には、高橋謙著『愚庵自伝』の抄録が掲載されている。高橋氏は精齋が経営する蔵春園に入門した当時の様子をつぎのように記述している。

余は小学校卒業後、中学に入らずして同郡薬師寺の恒遠精齋先生の門に入り漢学を学ぶこととなれり。恒遠塾は上階、中階、下階に分かち、余は下階に編入されたり。月末毎に月旦表（成績表）を作製し、それにより進級せしむる規定なりしが、余は入塾三箇月にして中階に進級したり。（中略）一般に長幼の序を貴び、年長者の前には年少者は服従の義務を強いられたり。然れども全塾生は一大家族の如く、長者を敬すること兄の如く、少者を愛すること弟の如く、秩序整然、毫も年長者が年少者を虐待する如きことはなかりき。一切の監督は塾監一人あり之を担当せり。恒遠先生はただ上階、中階の講義を為すのみにて、下階の講義は塾監これを担当せり。すべて講義の傍聴は自由に解放せられ、塾生は何れの講義にても傍聴は自由なりき。（中略）恒遠先生は堂々たる偉丈夫にして、音吐朗々《おんとろうろう》洪鐘の如く、その講義は抑揚あり、頓挫あり、聴く者をして倦むことを知らざらしむるの妙あり、今なお音容髣髴《おんようほうふつ》たるものあり。

精齋は父親と同様に性格が温厚であったが、ひとたび講義となれば、堂々たる教育者としての風格をもって本領を十二分に発揮したことが想像される。当時の漢学私塾における人間教育のありさまが眼前に浮ぶようである。

現在、日本の教育の荒廃が叫ばれ、いじめ、児童虐待、学級崩壊などのニュースが伝えられているところであり、温故知新、漢学私塾における徳育教育のあり方を見直す必要がありそうである。

月田蒙齋との師弟関係

精齋が師の月田蒙齋に学んだことは、まず、醒窓の養子となった恒遠香農が蒙齋に師事したことに深い関係があったと思われる。香農に学んだ塾生たちは、香農の死後も引き続き蔵春園で勉学しているため、同じ学統の継続性が求められたからであろう。

月田蒙齋は肥後玉名郡高瀬町（現・玉名市玉名町）の人。その家は代々八幡神社の神職であった。家は貧しく、幼いころから苦学力行して、ほとんど寝食を忘れるほどに勉学に励んだ人であった。三十五歳で藩命により郷学の師範となり、抜擢されて藩学の訓導になったが、間もなくこれを辞した。

彼の学問は「程朱《ていしゅ》」（程顥《ていこう》・程頤《ていい》・朱熹《しゅき》をあわせていう）を宗とし、山崎闇齋の学派を汲んだ。蒙齋の門下には精齋の外に月田門下の「二程」と称せられた楠本端山《くすもとたんざん》とその弟、碩水《せきすい》という鴻儒《こうじゅ》が出た。

蒙齋は山崎闇齋派伝統の儒者として実践躬行《じっせんきゅうこう》、よく博文約礼《はくぶんやくれい》の教えを守った君子であった。碩学の蒙齋の名声が顕れなかったのは、蒙齋が聞達《ぶんたつ》を求めることを欲しなかったからだといわれている。慶応二（一八六六）年、六十歳で没した。

多くの人々に吟誦《ぎんしょう》された蒙齋の漢詩一首を紹介したい。

暁發

殘月滴露湿人袂
暁風吹髪覺秋冷

忽驚大蛇當路横
抜剣欲斬老松影

暁《あかつき》に発す
残月の滴露《てきろ》　人の袂《たもと》を湿《うる》おす
暁風《ぎようふう》　髪を吹いて　秋冷《しゆうれい》を覚ゆ
忽《たちま》ち驚く　大蛇路に当たって　横たわるを
剣を抜いて　斬らんと欲すれば　老松の影

精齋が持ち帰ったと思われる「暁發」の詩は、蔵春園でも塾生たちによってよく吟詠されたと伝えられている。

西秋谷との親交

精齋の叔父にあたる西秋谷《にししゆうこく》は、父醒窓の弟である。代々小倉藩の藩医を務めた西家の養子となっていたが、親戚として親交があった。

精齋が二十七歳のときに小笠原忠忱《ただのぶ》公の侍講に抜擢されて士班に列せられているが、このとき、叔父の秋谷はすでに藩主の侍医であったことから、秋谷の引き立てがあったことは十分に予想される。

『秋谷遺稿』（私家版）には、秋谷の詩文に精齋が評した文章が掲載されていることから、当時、かなり頻繁に詩文の唱酬《しょうしゅう》が行われたようである。

秋谷は廣瀬淡窓の咸宜園十八才子の称首に数えられている。

『秋谷遺稿』のなかに、つぎのような七言絶句がある。

花月樓

花月楼頭月入樽
梅花夢醒暗銷魂
歸來恐被家人罵
涴我青衫是酒痕

花月楼

花月楼頭　月樽に入る
梅花　夢醒　銷魂《しょうこん》暗し
帰り来たって恐る　家人に罵らるを
涴《よご》す我が青衫《せいさん》　是れ酒痕

医者であり漢詩人であった秋谷が、管弦風流を愛して、長崎での遊郭、酒楼等に遊んだ当時の情景が浮かんでくる詩である。

恒遠精齋の逸話

精齋は温厚をもって子弟を教育したという。

精齋は人と語るときは吃呐《きつとつ》（吃音）になるところがあったが、書を講じるときは、明弁でさながら別人のようであったという。

父親の醒窓は酒豪であったが、精齋も負けずに、その遺伝子を引き継いだようで、酒がなみなみと注がれた大杯を一気に呑んでも平然としていたという。

また、あるときに精齋と門人たちが一緒に酒を飲んだことがあった。門人の一人がいつしか酔狂をまわして精齋の頭を叩いてふざけても笑ってとがめなかったという。

ほかの門人たちが、師の頭を叩くとは何ごとだと腹を立てて、その門人を塾から追放したところ、不埒《ふらち》な行いをした門人が平謝りして許しを請うたのを精齋に許してもらったという。精齋は、素行のよくない門人に対しても寛容を持ち合わせていたという逸話である。

むすびに

恒遠家は醒窓、精齋の親子二代、七十年間にわたり門弟約三千人を教育した。

現在もその後裔にあたる五代目当主、恒遠俊輔氏（福岡県求菩提資料館長）が蔵春園の旧跡を住居として維持管理されている。

『豊前薬師寺村恒遠塾』によれば、その当時は『恒遠精齋詩集』があったことは明らかである。しかし残念ながら、現在、蔵春園の収蔵文献目録のなかには、精齋の詩集が見当たらない。

精斎の詩集がいずこかで発見されれば、精斎の卓越した詩才を知ることができるとともに、詩文の研究によって、親子二代にわたる恒遠塾の経営状況や交流した人物などが、さらに明らかになるものと思われる。

恒遠精斎略年譜

天保十三年（1842）
三月一日、築上郡薬師寺村に恒遠醒窓の長男として生まれた

安政六年（1859）
京都に遊んで、以後、肥後に遊び三年留学して月田蒙斎について学んだ

元治元年（1864）
帰郷して、二十三歳にして蔵春園を継ぎ門弟を育成した

明治元年（1868）
二十七歳のとき、小倉藩主小笠原忠忱の侍講となり、六人扶持で士班に列せられた

明治十年（1877）
豊前宇島の開闢学校の開設の落成式において僧侶のために『論語』を講義し、来臨していた京都西本願寺龍谷法主に多大の感銘を与えた

明治十一年（1878）
蔵春園を私立蔵春学校と改称した

明治十七年（1884）
四十二歳のとき、文部省より多年の育英の功によって一等賞を授けられた

明治二十五年（1892）
龍谷法主の聘に応じて、文学寮で一年余の間、教授した

明治二十八年（1895）
十一月六日死去。享年五十四。清簡先生と諡された

漢学私塾「蔵春園」創始者　恒遠醒窓

はじめに

恒遠醒窓との出会いは平成九（一九九七）年である。そのころ、私は豊前警察署に勤務していた。歴史探訪が趣味だったので、管内の名所や史跡を訪ねた。そのうちに豊前市薬師寺に、幕末の漢学私塾蔵春園《ぞうしゅんえん》が史跡（福岡県指定文化財史蹟）として現存していることを知った。

豊前に漢学の灯りをともした恒遠醒窓は、日田の私塾咸宜園《かんぎえん》において、廣瀬淡窓に学んだ高弟であったことも初めて知った。五代目の当主にあたる恒遠俊輔氏（福岡県求菩提資料館長）が、その指定史蹟の棟続きに居住しているということであった。

豊前出身の職場の女性職員が、恒遠氏ならびに同夫人とも高校時代からの親友というご縁から、まもなくしてご当主と蔵春園の「求渓舎」にて、懇親の宴を催していただく機会があった。内部は東西の二間に分かれ、西の間は醒窓の起居と書斎の兼用であり、東の間は来賓応接用の場所だったという。その部屋は長い年輪を経て、なお漢学私塾としての風格を感じさせるものがあった。

その席上、私塾を開いた醒窓には『遠帆楼詩鈔』という漢詩集があることに話題が及んだ。私自身、長年、趣味として漢詩に親しんできたことから、この詩集に校注を加えて再び世に出したいという考えが浮かんだ。以後、余暇を活用し、漢詩吟社「景社」の清水怡荘先生（故人・二松詩文同人）をはじめ、諸先生方のご指導を受けながら、同詩鈔の前編と後編の校注と出版を実現することができた。

恒遠醒窓肖像

以来、醒窓はじめ郷土の先賢の生き方

を探求することが私のライフワークとなった。詩鈔の校注を通じて知り得た数々の文献をもとに、幕末期の日本の文教界に異彩を放ったといわれる醒窓の生涯を紹介したい。

恒遠家の家系

岡為造編著『豊前薬師寺村恒遠塾』（築上郡教育振興会）によれば、恒遠家は代々医業の家系であったとある。

さらにそのルーツをたどれば、四国伊予国（現在の愛媛県）の豪族、河野《こうの》氏の出であるという。つまり「河野水軍」を祖先にする家系とある。

『愛媛県史概説』（愛媛県）には、河野氏の活躍が記述されている。とくに元寇の役で顕著な軍功をあげた河野通有《みちあり》は、河野氏の中興の主とされる。古代末期以来中世を通じて河野水軍として活躍した河野氏は、戦国時代になって四国制覇に乗り出した長宗我部元親《ちようそかべもとちか》に抗戦したものの、次第に形勢悪化し、やむなくほかの豪族とともに和を請うた。

そこで河野氏の一族であった恒遠家の祖先は伊予より豊前薬師寺村に移り住み、故あって地元の恒遠姓を名乗ったとある。

恒遠醒窓について

醒窓は享和三（一八〇三）年十月八日、恒遠傳内《でんない》の二男として薬師寺村に生まれた。幼名和市、長じて頼母と改めた。諱は和、字は子達、ほかに真卿と称した。醒窓は号である。ほかにも轟谷、櫟川、遠帆楼主人等の別号がある。幼にして穎悟《えいご》、書を読み詩を作った。

文政二（一八一九）年二月十九日、十七歳のときに上毛郡三毛門村（現・豊前市三毛門）の別府直夫の紹介によって、豊後日田の咸宜園《かんぎえん》に入門して廣瀬淡窓に学んだ。その間には都講（塾頭）にもなり、五年の修学の後、業なって長崎に遊学し、当時、砲術家として有名であった高島秋帆の家に寄寓した。

その間に、中国・清の江芸閣《こううんかく》、南画の泰斗と言われた木下逸雲《きのしたいつうん》、同じく僧鉄翁祖門《てつおうそもん》らと交わり、詩文の唱酬をかさねた。

文政七年、二十三歳で故郷の薬師寺村に帰り、同族の文恭の家を嗣いだ。そして「自遠館」と称して漢学の私塾を開く。

次第に醒窓の名声が世間に知られるようになると、門人も増加したことから、さらに学舎を増築して収容し、塾名も「蔵春園」と改めた。

当時入門する門人は九州はもとより、山陽、南海、江戸にまで及んだ。

天保十三（一八四二）年、門人により醒窓の『遠帆楼詩鈔』が刊行され、嘉永二（一八四九）年、四十七歳のときには肥前国平戸藩の松浦乾斎（諱は濫《ひろむ》）公の聘に応じて肥前に赴き、書を城内の省心館で講じた。

安政六（一八五九）年、敬吉郎（精齋）、勇三郎（経岳）の二子を伴い上京。西本願寺二十代広如上人に謁して章杯ならびに物を賜っている。醒窓はしばらく西本願寺に留まって、緇徒《しと》（僧侶）のために書を講じた。

文久元（一八六一）年、醒窓は病にかかっていた。このときに長州公毛利敬親は、儒員柳沢雲平を使者にたてて醒窓を藩校に招こうとしたが、病の故をもって辞した。すでに重い病に臥していた醒窓は、同年五月三日没した。享年五十九。門人は同村の東光庵の境内に葬り、温恭先生と諡《おくりな》した。

醒窓が著した書には、『遠帆楼詩鈔』、『遠帆楼遺稿』、『東遊稿』、『醒窓文集』、『醒窓漫筆』、『学庸解』などがある。

『豊前薬師寺村恒遠塾』によれば、醒窓の人となりは、長身、癯哲《くてつ》（やせている）、眼は

私塾「蔵春園」跡（豊前市薬師寺）

重瞳《ちょうどう》（眼のなかに瞳が二つある。中国では貴人に現れる特徴とされる）、天資孝友《てんしこうゆう》（よく父母に仕え兄弟に親しむ）、己を修めるに淳朴《じゅんぼく》（人情厚く偽りがない）、物に接するに謙恭《けんきょう》（謙《へりくだ》りつつしむ）、酒をたしなみ、客を愛し、理由をつけて客を拒むようなことがなかったという。

学問は自ら衒《てら》わず、名望をもって自らを高しとしなかったとある。

醒窓の学統と蔵春園の学風

醒窓の学統は江戸の荻生徂徠《おぎゅうそらい》、その弟子、長州の山県周南《やまがたしゅうなん》、その弟子、筑前の亀井南冥《かめいなんめい》、その弟子、豊後日田の廣瀬淡窓であり、その弟子につらなる。

徂徠は常に古文辞をもって学派を立て、復古学派と称し略して古学派と呼んだ。蔵春園で醒窓が経義を講ずるときは、『朱註』を宗としたが、それと兼ねて『古註』も用いたという。また、儒学者太田錦城《おおたきんじよう》や芳野金陵《よしのきんりよう》の考証学も取り入れた。師の淡窓は亀井南冥に学んだが、いずれの学派にもよらなかった。醒窓も、その影響を受けて、かならずしも古学派の学説によらなかったといわれている。

醒窓は子弟を導くにあたり、『易経』にいう「屈伸感応の理」を以てした。その内容は、醒窓が門人に示した「告諭《こくゆ》」のなかに明らかである。

易に屈伸の理を説けり、是れ学者第一に心得るべきなり。故に我が塾には序席を設け、如何様に発達の輩も、最初は人の下に居り、年月を経て精を入れ候上は上達を遂げ、塾の長と相い任じ候様致し申す候。是れ即ち屈伸の理にして、最初は暫くの屈を嫌い、我が塾法に背き、兎に角申す候輩、仮令他方へ参り候とも、決して初達すべからず、是れ屈を経ずして伸を好む者なり。学問の道に限らず、世間にても屈せずして伸と云うことは毛頭之れ無きなり。能々心得るべき者なり。

（註・『豊前薬師寺村恒遠塾』掲載の告諭読み下し）

「告諭」では、人は逆境や困苦を経ずして、飛び越えていきなり順境な富貴の地位に立つことを厳しく戒めている。廣瀬淡窓は、咸宜園に入塾する者には「三奪の法」を用いた。つまり入門にあたり、過去の地位や経歴、年齢をいっさい問わず、その後の学問の上達の次第で学級を進級していく制度を設けたのである。

醒窓はその考えを踏まえたうえで、自分の塾では「屈伸感応の理」を用いたものと思われる。「屈伸感応の理」を「告諭」としてあえて説いているのは、封建制という身分制度のなかで、醒窓の考え方を理解しない塾生がいたことを物語っている。

さらに醒窓はときの権力と対峙することなく、柔軟な教育方針であった。たとえば恒遠家の宗派は代々、真宗に帰依しているが、孔子の儒教と親鸞の仏教とは相容れるものであることを説いている。

醒窓は本来の真宗を倫理的な教えと考えていたことから、これを好意的に受けとめていたといえよう。儒教つまり孔子の教えに従うことが本来の真宗の実践であると主張している。このように真宗を経世、実用の宗教と考えるなど、非常に弾力的な思考の持ち主であったことが窺える。

醒窓の実父傳内の教え

醒窓の実父傳内については、詳しい資料が残っていない。わずかに『豊前薬師寺村恒遠塾』にはつぎのように記述されている。「人は学ばなければ義を知らず、宜しく子孫をして学に就かしむべし」。これが、死に臨んだ傳内が嗣子に贈った言葉と伝えられ、さらに、論語の「朝に道を聞かば夕べに死すとも可なり」の句と和歌一首を手書きして与えたという。醒窓が淡窓に対して義を厚くしたその原点は、父親の教えにあったと思われる。

息子に学問をさせる経済力と、学問を重視する気概が傳内になければ、豊前の漢学文化を発展させた醒窓という碩儒は誕生しなかった。そのことを思えば、傳内の「義を重んじる」という教訓には、千金の価値があるといえよう。

恩師に対する醒窓の厚誼

『豊前薬師寺村恒遠塾』には、廣瀬淡窓の亡くなるころの「醒窓日記」の内容に触れられており、醒窓のあわただしい行動が記録されている。それを要約すると、文政九（一八二六）年正月六日、日田より使いが来て、淡窓先生の病が重いことを伝えている。

醒窓は家人と相談して、自らが日田行きすることを決めた。八日には旅支度ができて九日に日田に赴く。午後六時ごろにようやく日田に到着して観月楼に宿泊する。その夜は淡窓の病がやや回復したとの知らせを得たので、翌十日に咸宜園にて淡窓を見舞う。醒窓は自分の塾のことは高弟にまかせていたのか、以後、二十日あまりも師の病床に侍しており、その甲斐あってか一時的に淡窓の病が回復している。「醒窓日記」の断片は、醒窓が師弟の義をいかに重んじていたかを如実に証明している。

葉山鎧軒との交友

『豊前薬師寺村恒遠塾』では、醒窓の主なる交友者のなかに葉山鎧軒《はやまがいけん》を挙げている。『史都平戸　年表と史談』（岡部狷介編、松浦史料博物館）の記述をあわせてみると、つぎのように述べられている。

葉山鎧軒は、名は高行、通称は左内。鎧軒と号した。

肥前平戸藩士で、十七歳のときに江戸の佐藤一斉に学び、陽明学を究め、また山鹿流の兵学を修める。識徳ともに高く帰藩後、第三十五代熈《ひろむ》（観中）、その子曜《てらす》（諦乗）両公に重用され、藩主のお守役を務めた。また、親衛隊長を務めたとある。その後、勘定奉行、大坂藩邸詰めなどを経て、万延元（一八六〇）年家老格となった。大坂の大塩平八郎の乱では、大坂藩邸をよく守って活躍したと記録されている。元治元（一八六四）年四月二十一日に死去した。六十九歳。

世に鎧軒は文武兼備の武士であったという。

嘉永三（一八五〇）年、吉田松陰の西遊にあたり、平戸の葉山鎧軒を尋ねたが、懇切丁寧に蘊蓄《うんちく》を傾けて驕らず、後日、吉田松陰にその人格と見識を欽仰《きんぎょう》させるに至った。

葉山鎧軒が醒窓とどのような縁で知り合いになったのかは、醒窓の日記の一部が散逸している今となっては詳しく知ることはできないが、葉山鎧軒は、ひとかどの儒学者、漢詩人であったことから、詩文の唱酬が発端であったと想像するところである。

醒窓が平戸藩の乾斎公の聘に応じることになったことも、鎧軒の仲介があったものと思われる。

「醒窓日記」によれば、蔵春園には、長州の勤皇の志士久坂玄瑞《くさかげんずい》も、漢詩人河野鉄兜《こうのてっとう》なども訪ねている。また、勤皇僧釈月性もいたが、醒窓は国事についてはめったに他人に洩らさなかった。しかし、その国事について鎧軒に懐を書して示した二首の律詩が『豊前薬師寺村恒遠塾』に記述されている。よほどに信頼に足りる交友だったことが推察できる。

醒窓の逸話

醒窓は子弟を育英するうえで、優柔善誘して敢えて督促しなかった。自らは実践躬行《じっせんきゅうこう》をしていた。

あるときに、土地境界にある梅の樹について村人同士がその所有について争ったことがあった。しかし醒窓が懇々と説諭したことによって二人は争うことの非を悟り、村人は相い謀って、その梅樹を醒窓の庭園に移し植えかえたという。

また、悪い行いをした塾生には罰として、講堂の前で灸をすえることがあった。あるいは鉢に水を入れて持たせ、先生の前に立たせたが、これは他人の家の柿をちぎったとか、畑の瓜を盗んだくらいの行為への軽い罰であった。

ひどい行いをしたときの罰は、二日も三日も醒窓の前に正座して写本をさせられた。その写本のなかに書き間違った字があれば、一つひとつ直してやることであったという。

塾生は、これが最も辛かったと伝えている。

蔵春園は咸宜園と同様に、毎月、月旦表によって塾生の成績を示した。塾生にとって自分の学問の浅いことを醒窓に悟られることは、何よりも苦痛であったに違いない。

慈愛あふれる醒窓の詩

『遠帆楼詩鈔』後編の「禮塾雑詠門人に示す」四首のなかの四番目に載せられている七言絶句は、特に「学生に示すの作」と題して掛け軸に揮毫され、醒窓の肖像画とともに蔵春園に所蔵されている。

　示学生作
九月山村霜露繁
客衣新授有餘温
郷書一讀須三拝

内滴慈親老涙痕

　学生に示すの作
九月の山村　霜露繁し
客衣新たに授けて余温有り
郷書一読　須《すべから》く三拝すべし
内に滴る慈親の老涙の痕

恒遠醒窓の肖像画が描かれた七言絶句「示学生作」の掛け軸（蔵春園蔵）

醒窓の師廣瀬淡窓は、漢詩「桂林荘雑詠諸生に示す」（休道の詩）によって、なかよく同袍《どうほう》（一つのどてらをともに着ること）にて学問することの大切さを門人に示した。

桂林荘雑詠示諸生　廣瀬淡窓

休道他郷多苦辛
同袍有友自相親
柴扉曉出霜如雪
君汲川流我拾薪

桂林荘雑詠諸生に示す　廣瀬淡窓

道《い》ふを休《や》めよ　他郷苦辛《くしん》多しと
同袍《どうほう》友有り　自《おのづか》ら相《あい》親しむ。
柴扉《さいひ》暁に出づれば　霜雪の如し
君は川流《せんりゅう》を汲め　我は薪《たきぎ》を拾はん。

師の淡窓は塾生の絆の大切さを詩に詠んだ。そして醒窓は、父母に対する感謝の気持ちを失わないで学問をすることの大切さを教えている。『孝経』の教えが、その詩のなかに満ち溢れている。

江戸時代、志のある若者たちが、「この先生に教えを受けたい」と思ったときは、千里の道を遠しとせず師の門を叩いたことが、醒窓の詩によってくみ取れるのである。

むすびに

実力主義、競争社会といわれる現代にあって、醒窓と息子の精斎が説いた「屈伸感応の理」、あるいは「謙は尊くして光りあり」という謙虚の思想は、かえって新鮮に思えてならない。

江戸時代の漢学私塾では、儒教をはじめとして中国哲学が学問の中心であったから、人間の生き方の探求が基本にあった。

本来、学問は、足が地についていなければならないのだが、大学などでは、あまりにも多くの情報を吸収しなければならない体系になっている。そのために上っ面の所だけを学んで、すべてを理解したような総花的《そうばなてき》な知識の吸収になっているように思えてならない。
多くの知識を吸収することを最優先とする考え方よりも、人間教育に重点を置いた私塾の思想を現在の社会によみがえらせる必要があると思う次第である。

恒遠醒窓略年譜

享和三年（１８０３）
豊前国上毛郡薬師寺村に生まれる

文政二年（１８１９）
豊後日田廣瀬淡窓の咸宜園に学ぶ。その間、塾頭となる

文政七年（１８２４）
長崎に遊学する。のち帰郷して漢学私塾「自遠館」を開く

天保二年（１８３１）
僧月性入門

天保十三年（１８４２）
長子精齋が生まれる

弘化二年（１８４５）
精齋の弟、勇三郎が生まれる

嘉永二年（１８４９）
肥前松浦乾齋公の聘に応じて、平戸に赴き城内の省心館にて講義する

安政三年（１８５６）
咸宜園の恩師、廣瀬淡窓が死去する

安政六年（１８５９）
敬吉郎（精齋）と勇三郎（経岳）を伴い西本願寺に赴き、龍谷法主に謁し、これより暫く同寺にて僧侶に書を講じた

文久元年（１８６１）
萩藩主毛利敬親は家臣柳沢雲平を遣わし醒窓を萩に迎えようとしたが、醒窓は病のため応じることができなかった。五月三日死去

文久三年（１８６３）
墓碑を東光庵に建立して、「温恭先生」と謚した

番外編　千束藩旭城哀史

はじめに

旭《あさひ》城は明治維新後において、日本で最後に築城された城として歴史に名をとどめている。千束《ちづか》藩は明治二（一八六九）年に版籍奉還《はんせきほうかん》がなされた後の藩名であって、それまでは小倉新田藩と称した。小倉新田藩は豊前国小倉藩十五万石より分封された一万石の支藩であった。寛文十一（一六七一）年、小倉藩主第二代小笠原忠雄が家督相続のときに、幕府の許可を得て新田二万石のうち一万石を次弟の真方《さねかた》に分封したことに始まる。なお、このときに小倉藩は別に一万石の合力米（藩の蔵米四千石）を支給した。

当初、領地は築城《ついき》郡（現・築上郡築上町）内とされたが、その後、貞享二（一六八五）

年に上毛郡《こうげぐん》黒土《くろつち》（現・豊前市久路土）と岸井の両手永のうち二十六カ村と交換された。同藩には藩庁は置かれず、真方は小倉城下の篠崎（北九州市小倉北区）に居館を構えたので「篠崎侯」とよばれた。また、家老は本藩の家臣が務め、所領の村々の支配も本藩の郡代、筋奉行が管轄した。

慶応二（一八六六）年の小倉戦争における小倉城自焼後、明治二年、小倉新田藩主貞正《さだまさ》は領地内の千束（豊前市）に移り、翌年、新しく旭城を築いて入城した。しかし、明治四年の廃藩置県により廃城となったのである。

この、小倉新田藩主小笠原近江守貞正が旭城を築城するに至った、歴史的な経緯をたどってみたい。

小笠原家について

小笠原家の出自は、小笠原系図一本によれば、その祖は人皇第五六代清和天皇とあり、また、ほかの一本には新羅三郎義光の五代長清とある。小笠原家は徳川家とは一統となる譜代大名であり、幕府の特別な配慮があった。それだけに幕府に対して一層の忠誠を尽くすべき立場にあった。

小笠原家を取り巻く幕末の政局は激動のなかにあった。慶応二年四月、幕府は第二次長州征伐令を布達し、九州諸藩は小倉領と筑前領に兵を集結した。

小倉藩第九代藩主忠幹は前年九月六日に病死していたが、嗣子豊千代丸（後の忠忱《ただのぶ》）がいまだ四歳であったため、喪を秘し、支藩の小笠原貞正が後見役として藩主の代行をしていた。

小倉戦争

幕府は、老中の小笠原長行《おがさわらながみち》を九州方面監軍として小倉藩に派遣した。そして同年六月七日、幕府の軍艦が長州藩領の周防国大島郡を砲撃して戦闘が開始された。

戦いは芸州口《げいしゅうくち》（山陽道方面）、石州口《せきしゅうくち》（山陰方面）、上ノ関口（四国方面）と小倉口（九州方面）で対峙したが、幕府軍の主力が構えていた芸州口が持ちこたえたのみで、ほかの三口は圧倒的な兵力を誇る長州軍の勝利となった。

小倉藩は、老中小笠原長行のもとで九州方面から戦端を開いた。実際の戦闘は六月十七日、長州軍の田野浦（北九州市門司区）の急襲によって開始された。そして同年七月三日、長州軍は門司の大里《だいり》を攻略し、同二十七日には小倉城下の東側、赤坂の丘陵地帯を攻め落として城下に迫った。しかし、このときは肥後の細川藩兵の応援により、かろうじて長州軍を撃退した。

そんな戦況のときに、大坂在陣中の将軍家茂《いえもち》がわずか二十一歳で急逝した。この訃報が入ると、九州方面監軍の小笠原長行は小倉を脱出して大坂へ立ち戻った。総指揮官が戦線を離脱したわけで、各藩とも次々に国元に撤兵した。この結果小倉藩は、支藩の小倉新田藩と播州安志《あんじ》藩の兵力で、強力な長州軍との戦闘を強いられることになった。

結局、小倉藩は長州軍との戦いで小倉城に籠城して潰滅《かいめつ》することを避け、戦線を企救《きく》郡と田川・京都《みやこ》両旧郡の境まで後退させる長期戦の体勢を選んだのである。

八月一日、執政家老小宮民部の指示により自らの手で小倉城に火を放ち、田川郡香春《かわら》（現・香春町）まで撤退した。のち、小宮民部は政事筋不行届の故をもって隠居、謹慎を申しつけられた。そして、小倉城自焼の責任を追及する声が高まり自刃している。

朝廷は徳川家茂の死について八月二十日、喪を発し、翌二十一日に将軍の喪をもって征長の兵の停止を命令した。しかし、小倉藩領ではその後も戦闘が続き、企救郡が戦場になり、十月になると長州軍がこの地を占領した。第二次長州征伐は幕府のあまりにも甘い見通しでなされたものであった。そのために最新の兵器と近代的な装備を持つ長州軍の圧倒的な勝利となったのである。後に肥後、薩摩両藩に講和の斡旋を依頼し、慶応三年一月二十八日、ようやく両藩の和議が成立し、その結果、企救郡は長州藩に移譲された。

慶応三年六月二十五日には継嗣、豊千代丸が第十代藩主として幕府に認可され、滞在地熊本において改名し、小笠原忠忱の名をもって家督を継いだ。また同年六月には、一年以上も前に亡くなっていた第九代藩主小笠原忠幹の死去の触れが出され、七月八日、田川郡内の寺において葬儀が執り行われた。

明治二年六月十八日、版籍奉還により忠忱は香春藩知藩事となり、小倉藩は正式に香春藩と称する。

その後、藩主忠忱は恒久的な藩庁の建設を企図し、仲津郡錦原（現・みやこ町）の地名を豊津と改め、明治二年十二月二十四日、政府の豊津藩名の許可により豊津藩が誕生した。

このような情況のなかで、小倉新田藩主貞正は宗家の幼い藩主の後見役として、長州藩との講和をはじめとして香春藩、豊津藩両時代の藩政をよく支えている。

小倉城を自焼した慶応二年、小倉藩には大きな困難が待ち受けていた。秋の収穫と年貢

旭城跡

の収納は戦闘下で行われたため、農民は兵として駆り出されており、極端な人手不足に陥ったのだ。また、戦場となった企救郡が長州に占領されたことから、年貢米があがらなかった。戦いの末に田川郡香春まで撤退した藩兵は、着の身着の夏の服装であったために、農民から古着を徴発して用を足すという有様であったという。

ちなみに、小倉藩兵は関ヶ原の合戦当時の鎧甲冑といった軍装だったというから、はるかに優れた銃器を持つ最精鋭部隊の長州軍兵とは、大きな開きがあったわけである。

小倉新田藩主小笠原貞正

小倉新田藩々主貞正は、小倉戦争がなければ支藩の藩主として平穏な生涯を終わったに違いない。

本藩が譜代でありながら小倉城を自焼し、城を持たない大名となってしまったことから、せめて自分の領内に城を築きたいという決意が強固になっていったものと思われる。

では、藩主小笠原貞正とはいったいいかなる人物であったのだろうか。

小笠原貞正は天保十一（一八四〇）年十月二十七日、小笠原豊後守信学《のぶたか》の二男として、江戸鳥越の藩邸で生まれた。母は織田安藝守平秀陽の女《むすめ》。幼名、錦次郎。安政三（一八五六）年六月六日、小倉新田藩主貞寧《さだやす》の養子となり家督を相続し、十二月には従五位下近江守に叙任されている。小倉新田藩は小藩といえども、幕府は独立した藩として扱ったので、藩主は代々、幕府の大番頭や若年寄などの要職に就いていた。貞正も文久元（一八六一）年には幕府の大番頭となり、文久三年には大坂警衛を命じられている。しかし、故あって大坂において辞職のうえ帰国している。

明治二年三月四日には、版籍奉還により千束藩知藩事に任命され、同年七月三日、竜顔を拝し天盃を賜わり、同月十八日東京を発ち、九月十六日赴任している。

明治四年二月二十日、東京府貫属を命ぜられる。

明治四年七月十四日、天皇は、五十六知藩事を集め廃藩置県の詔書を示す。これにより

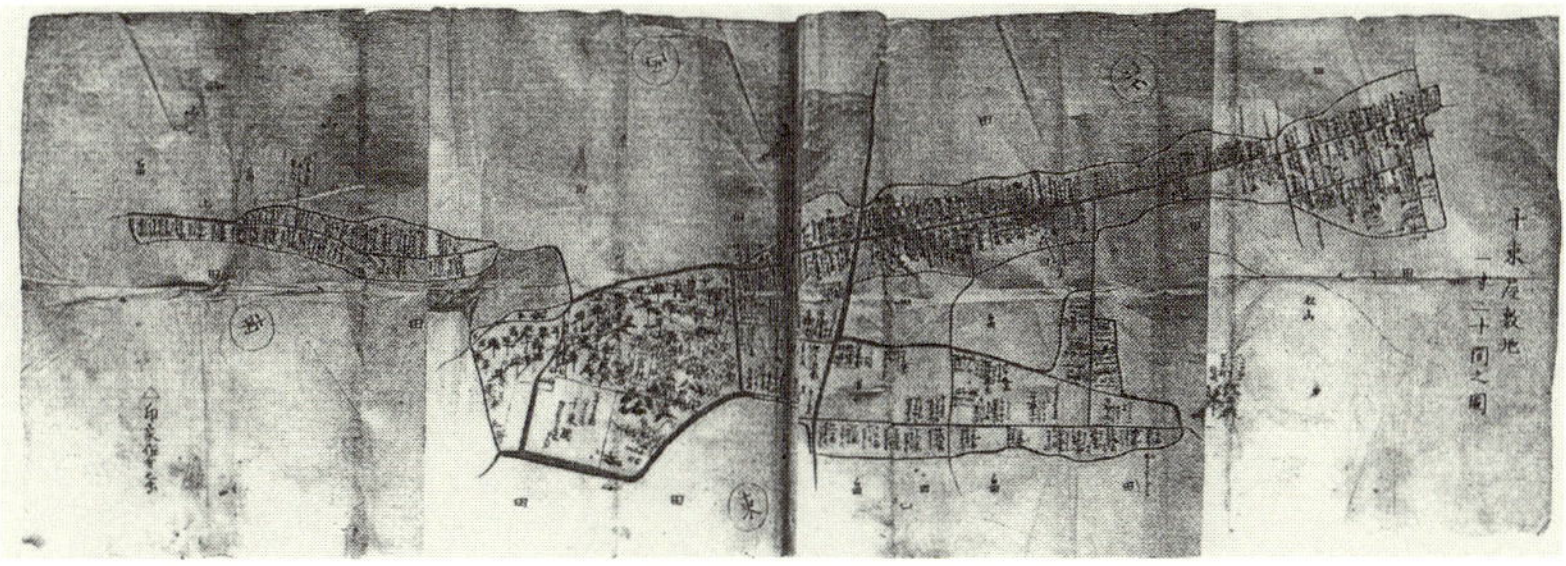
千束藩屋敷絵図（九州大学附属図書館付設記録資料館九州文化史資料部門所蔵）

千束藩は千束県となり、貞正は同年七月に知藩事を辞任している。

同五年四月十七日、加藤明軌の二男、武吉に家督を譲り隠居し、後に位記を返上して分家したという。その後のことについては詳しく伝えられていない。貞正は明治三十九年三月二十一日、六十七歳の波瀾な生涯を終えた。なお墓所などは未詳である。

『豊前叢書』（豊前叢書刊行会編・刊）第一巻の「小倉戦史篇」では、近江守貞正についての詳しい記述がある。

当時、二十六歳であった貞正は、戦闘にあたってはよく藩兵を掌握して、備えを立て直し、人数を繰り出し自ら藩兵の真っ先に進み、采配を打ち振り手勢を指揮している。また小倉藩大将として味方の勇気を励まして、泰然として、床几《しょうぎ》に拠り、勇気凛々として臣下を激励する態度に、少身ながら諸侯として恥ずかしからず云々との記述がある。

長州藩との講和がなった慶応三年四月から文教政策を推進し、香春藩庁の所在地に藩校思永館を復興し、支館を領内十二カ所に設置した。

また、子弟の教育に努めるとともに、身分にかかわらず有能な人材を抜擢し、藩政に登用するなどの施策を打ち出している。また国力の回復のため、自給を目標に殖産興業政策にも力を入れている。

こうした史料からも、貞正は決して凡庸な藩主ではなく、本藩が最も困難を極めた時期に、長州藩との和議、肥後細川藩へ直接出向いて、幼い藩主の滞在についての特別な便宜を願う交渉などを行っている。まさに小倉藩の実質的な中心人物として、本藩を支える決断力と行動力に富んだ藩主であったことがうかがえるのである。

いかにして旭城が築城できたか

城郭は敵を防ぐための軍事的な意味と、大名として領民を統治するための権勢表示の象徴でもあった。

譜代大名としての小笠原氏が小倉城を自焼した後は、香春藩、豊津藩と藩庁を移転した

旭城跡の石垣

ものの、財政的にも窮迫したため、城郭としての体裁を整えるにはまことに厳しい状況であった。

譜代大名でありながら藩庁ができるまでの間、肥後の細川家に仮住まいをしなければならなかった本藩々主などの心情を思うとき、敗戦の悲哀を痛いほど感じたに違いない。

また、幼い藩主を支える後見役たる貞正の心中を想像すると、支藩といえども小笠原氏として城郭を築きたいという願望が、次第に強固になっていったものと思われる。

九州大学附属図書館付設記録資料館には「千束藩屋敷絵図」が収蔵されており、旭城を中心とした家臣の屋敷図が描かれている。しかし、一四四七坪余の敷地があったという旭城の城内の建物や、部屋の間取りなどの絵図面は明らかではない。惜しいことに、旭城築城に関する資料がほとんど散逸しているため、現存する資料と地理的な状況から判断するしか方法がない。

まず第一に、城郭の石垣に利用できる石材を築城の地の直近で確保していたことがわかる。

現存する旭城の石垣は、高さ二メートルほどもあるみごとな石組みであり、ほぼ完全な形で城郭遺構が残っている。地元の言い伝えによると、千束は昔から千塚原と呼ばれており、その地名のとおり、住家はわずか数軒に過ぎず、附近一帯には数多くの古墳が群集していたという。この古墳の石を使って石垣を築いたと伝えられている。

石工の専門家と現地踏査を行ったところ、石材のほとんどが川石であり、石山から切り出した石材でないことがわかった。また、石垣に使用された石の数はかなりの数量であり、一カ所にこれだけ厖大な数の石を集積する場所も見当たらないことから、おそらくは附近の古墳群から掘り出した巨石を運びやすくするために、現地で鑿を入れて割り整えて、棟梁の指揮により次々に割り当てられた現場に運び込まれたものと思われる。築城から百三十年以上もたった現在に至るまで、大手門から左右に構築された石垣にはほとんど狂いがないことから、かなり優秀な技術を持った石工が築いたことがわかった。

旧千束藩士の屋敷門

第二は、城普請ができる有能な棟梁がいたことである。『豊前市史』によれば、藩内の久路土に、水野棟三郎という技術手腕の抜群な棟梁がいたということである。だがその人物の詳細は明らかではない。

第三は藩士と領民たちの献身的な協力を得ることができたことである。

城郭の石垣を築きながらの土台の基礎工事には、厖大な量の盛り土を運搬する必要があったこともわかった。基礎工事から藩庁となる旭城の建物を完成させるまでに、わずか二年を切っていることからも、一日も早く竣工させたいという藩主貞正の強い意向が働いたものと思われる。築城にあたった従事者は、我々の想像を遥かに超える相当な人数であったものと思われる。

当時の小倉新田藩の規模であるが、明治四年六月に改めた同藩の分限帳によれば、士族一三二人および侍医一人、直医五人の計一三八人で、卒族（足軽以下の下級武士に相当）が一四三人、合計二八一人が一万石で扶養されていたことがわかる。士族で最高の禄高の者でも、十石三人扶持にすぎなかった。以下六石までが士族で、卒族は五石から四石の扶持であった。

藩士は決してゆとりのある暮らしではなかった。小倉戦争に敗戦してからさして間もなく疲弊している小藩が、領内に城郭を築くことが決定したときは、藩内に激震が走ったに違いない。

慶応二年八月一日、小倉城自焼とときを同じくして、京都、仲津両旧郡内で広範な百姓一揆が発生している。それも小笠原氏が豊前国に入国以来初めての一揆であった。

翌日には上毛郡にも波及しており、小倉新田藩領の岸井、久路土両手永の大庄屋屋敷が百姓一揆で打ちこわしに遭っている。

本藩が香春藩庁を開庁する約半年前にあたる慶応二（一八六六）年十一月、貞正は、領内の安雲の光林寺に入り、自ら領内を視察し、地理、民情を把握し、親しく領民に酒を振る舞っている。その間、領内で城郭を築くにふさわしい地形を見定めている。旭城が完成する四年前のことである。

そんな藩内の厳しい情勢のなかで、藩主貞正は築城を決断したのである。藩主の築城の命令は、藩士のみならず領民全員に及んだに違いない。小倉戦争では、藩内の屈強な百姓が無給自弁で動員されている。文久三年の小倉藩からの農兵応募のときには、小倉新田藩の領内からも五十人が応募するなど、積極的な農民の反応があっている。そうした過去の経緯から判断すれば、築城にあたり武士、農民、商人、婦女子を含めた相当数の人員に、建築資材の供出や人夫役などの諸役の負担が課せられたと思われる。また小笠原氏に関わる御用達の豪商や、手永大庄屋などの豪農の献金も重要であった。

豊前宇島《うのしま》の万屋、小今井潤治は小倉藩内では第一級の豪商であった。助九郎は旭城の建設費として多額の献金をした功績により、士分としての苗字帯刀や扶持が与えられ、さらに藩主から返礼として刀や羽織を拝領している。

こうした豪商、豪農をはじめとする多くの人々の献身的な支えによって、旭城はようやく築城できたのである。

むすびに

新しい城が完成した明治三年十月二十六日、藩主貞正が館に移り、旭城と名づけられた。そして城下には次第に藩士の屋敷や町並みが整えられ旭町と称してにぎわいを見せ始めた。ところが明治四年七月、全国の藩を廃して府県を置く廃藩置県の詔書が示される。旭城は、新築からわずか一年余で廃城の運命をたどらなければならなかった。

藩主、藩士はもとより、艱難辛苦《かんなんしんく》のなかで築城にたずさわった多くの人々の心情は複雑であり、まことに痛恨無念であったに違いない。

当時、城下の千束四辻にあった藩士たちの屋敷の土塀や家並みは、すでに失われている。現在、旧藩士たちの後裔で千束に居住する者も少ないため、もはや調査のための聞き取りも不可能となっている。築城にまつわる詳細な記録を知ることができないのは残念であるが、ただ、城郭の石垣のみが完全な形で千束藩旭城の名残りをとどめている。

参考文献

白石正一郎『白石家文書』下関教育委員会、一九六八年
『東行　高杉晋作』高杉東行先生百年祭報賛会、一九六六年
岡為造編『豊前薬師寺村恒遠塾』築上郡教育振興会、一九五二年
『白石正一郎と幕末の下関』白石正一郎と幕末の下関展図録、下関市立長府博物館、一九九九年
太田虎一『生野義挙日記』生野町教育委員会、一九三年
山崎有信『豊前人物志』美夜古文化懇話会、一九三九年
稲葉倉吉編著『豊前郷土史論集』国書刊行会、一九八〇年
頼山陽『頼山陽全書』頼山陽先生遺蹟顯彰會、一九三一年
『田能村竹田全集』国書刊行会、一九二四年
田能村竹田「山中人饒舌　自画題語　竹田荘師友画録」(『日本絵画論大成』第七巻、一九九六年)
宗像晋作「田能村竹田筆『梅花書屋図』について」(「出光美術館研究紀要」第十二号、出光美術館、二〇〇七年)
本耶馬溪町史刊行会編『本耶馬溪町史』本耶馬溪町、一九八七年
豊前市史編纂委員会『豊前市史』文書資料編、豊前市、一九九三年
新吉富村誌編集室編『新吉富村誌』新吉富村、一九九〇年
築上郡豊前市教育振興会『築上郡史』上下巻、豊前市築上郡教育振興会、一九五六年
『日本人名大事典』平凡社、一九七九年
『江戸漢詩選』第一巻、岩波書店、一九九六年
辛島並明『偉人小今井乗桂翁』大江印刷所、一九三三年
辛島並明『宇之島開港杉生十右衛門貞則』私家版
豊前市役所編『豊前市史』豊前市史編纂委員会、一九九一年
渡邊晴見『豊前地方誌』葦書房、一九八一年
大江哲成『妙好人、小今井乗桂翁』(一九八五年四月五日記述)私家版
是木駒男編『宇島文化協会創立三十周年記念講演・豪商小今井潤治翁一代記』私家版

是木駒男編「小今井翁について」（冊子）
稲葉倉吉・岡為造共著『築上郷土史読本』大江印刷所、一九三五年
米津三郎『小倉藩の歴史ノート』美夜古郷土史学校、一九七七年
小倉市役所編『小倉市誌』上下巻、小倉市役所、一九七五年
編者不詳「小今井家事蹟」（冊子）
岡村周薩『真宗大辞典』永田文昌堂、一九七二年
赤松翠陰編纂『雲華上人遺稿』後凋閣、一九三三年
大分県教育会編纂『大分県人物志』歴史図書社、一九七六年、
佐々木剛三監修・宗像健一著・大分県教育庁文化課編『大分県先哲叢書・田能村竹田』大分県教育委員会、一九九三年
『国史大辞典』吉川弘文館、一九九七年
近砂敦編著『伝承と伝説　なかつのものがたり』中津郷土塾、二〇〇四年
福岡県社会教育課編『高橋庄藏翁』福岡県、一九三〇年
「高橋家文書」（個人蔵）
「福岡県築上郡役所文書」（個人蔵）
恒遠醒窓著・三浦尚司校注『遠帆楼詩鈔』草文書林、二〇〇二年
「丙辰幽室文稿」（山口県教育委員会編『吉田松陰全集』第四巻、岩波書店）
西秋谷『秋谷遺稿』一九二八年、私家版
諸橋轍次『大漢和辞典』巻九、大修館書店、一九七六年
『豊前地方の私蔵書画名品展二』図録、豊津歴史民俗資料館、二〇〇〇年
恒遠俊輔『幕末の私塾・蔵春園』葦書房、一九九二年
柏原祐泉・薗田香融・平松令三監修『真宗人名辞典』法蔵館、一九九九年
三坂圭治監修・立泉昭雄他著『維新の先覚月性の研究』月性顕彰会、一九七九年
安丸良夫『神々の明治維新』岩波新書、二〇一〇年
「西光寺縁起」（『浄土真宗本願寺派』東陽閣）
重信珠雄「恩師を追慕して」一九二七年（冊子）
「浄満院東陽円月和上略傳」（龍谷大学編『仏教大辞彙』大山堂書店、一九七三年）
海老田輝巳『日本の近代化に貢献した恒遠精齋の思想と教育』一九九九年、私家版

東陽円月『東陽円月吟稿』私家版
中村十生『増補・新豊前人物評傳』新豊前人物評伝刊行会、一九七八年
岡部狷介編『史都平戸　年表と史談』松浦史料博物館、二〇〇〇年
『藩史大事典』雄山閣、一九八九年
『明治維新人名辞典』吉川弘文館、一九八一年
半田隆夫解説・校訂『豊津藩　歴史と風土』豊津町歴史史料編、豊津町、一九九〇年
北九州市史編さん委員会編『北九州市史』近世編、北九州市、一九八六年
米津三郎『小倉藩史余滴』海鳥社、一九五二年
豊前叢書刊行会編『豊前叢書』豊前叢書刊行会、一九八一年

あとがき

　このたび念願であった『豊前幕末傑人列伝』を出版するはこびとなった。

　平成十八年、福岡大学名誉教授、武野要子先生のご紹介によって「九州学」研究会の機関誌『海路』第三号に「維新の陰の功労者白石廉作の生涯」を初めて掲載させていただいた。以後、同誌には毎号ごとに幕末期の豊前に関わった傑人について連載を重ねた。七人まで書き上げて見ると、いつの間にか恒遠醒窓の漢学私塾蔵春園にかかわった人物の紹介となっていた。また、豊前の教育文化や社会のために大きな貢献をなした恒遠醒窓と嫡子精齋、さらに醒窓の高弟、学僧東陽円月の三人の生涯を新たに書き加えた。

　本書にまとめるにあたって、機関誌紙面の都合で割愛していた口絵写真や資料を新たに追加し、掲載後に明らかになった事実も新たに書き加えて内容の充実を図った。

　執筆にあたっては、念頭に置いたことが二つあった。

まずは、今ではすっかり埋もれてしまった傑人たちの知られざる生涯をさぐるには、現地の実踏を必ずやりたいということ。二つは既存の図書館資料にとどまらず、取材で得た新しい内容を少しでも盛り込みたいということであった。

そのためには、現地取材で子孫の方々や親戚筋からも逸話や生の声を聞きたい。

代々伝わる未発表の資料等があれば閲覧もさせていただきたい。それらの新しい内容を記録としても残したい、という強い思いであった。

幸いに、当時、豊前市教育委員会に勤めていた友人の尾座本雅光氏から、彼の親友で郷土史家、橋本和寛氏を紹介していただいた。初めて会ったその日から、橋本氏とは妙に波長が合った。以後、同氏と話し合いながら執筆予定の人物が決まると、橋本氏は事前に子孫の方々と連絡を取ったり、友人の郷土史家などから系図などの貴重な資料を取り寄せたり、墓石や遺跡等への道案内を自ら買って出てくれたのだった。

また、橋本氏の友人である松田博文氏や古屋保氏が同行して、貴重な史跡や資料等の写真撮影に協力してくださった。多くの方々のおかげで、傑人列伝として逸話や興味のある内容を盛り込むことができた。

橋本和寛氏は、小倉新田藩岸井手永大庄屋、曽木墨荘を愛して、みずから墨荘の命日には「天随忌」を催しておられたが、平成二十二年、不慮の事故により急逝された。豊前にとっても誠に惜しい気鋭の郷土史家であった。改めて故人への感謝とともに、ご冥福をお祈りする次第である。

私の生まれた豊前という郷土は、まことに素晴らしい傑人たちがいたものだなというのが、偽りのない気持ちである。社会のためには身命を投げ打つような、愛郷心あふれた傑人たちがいたことを心から誇りに思う。

現在、私自身、私立大学で教鞭をとっている。大学全入制時代になったいま、大学教育にも江戸時代の私塾教育の良さを取り入れる必要があるように思えてならない。

現在の教育現場では、キャリア教育の重要性が強調されているが、それはまさしく社会力を培うための人間教育に他ならない。人間教育に果たした私塾教育の良さをもっと採り入れていくことを提唱したい。

千里の道を遠しとせず良師を求めて入門した門人たちは、全身全霊をもって学問に励んだ。だからこそなし得た偉業だったにちがいない。

日本は未曾有といわれた東日本大震災に見舞われて以後、国の命運にかかわるような、重要な岐路に立たされている。

日本の将来を担う若者たちは、社会のために何ができるかを考えるには、まず偞人たちの生き方に学ぶべきだと思う。そして偞人たちの情熱を汲み取って、自らの行動指針に少しでも生かしてもらいたい。

福岡県求菩提資料館館長で、蔵春園当主の恒遠俊輔先生には、長年、高等学校教育にあたられた経験から、幕末の私塾に将来の学校教育の原点を求めてはどうかという貴重な序文を頂戴することができた。私もまったく同意見であり、改めて恒遠先生のご厚情に深甚なる感謝を申し上げたい。

また出版にあたり、これまでご支援くださった畏友の麻生徹氏、多大なご尽力をいただいた海鳥社の柏村美央さん、図書館、郷土史家など多くの方々に、心から感謝を申し上げたい。

三浦尚司

平成二十四年一月

三浦尚司（みうら・なおじ）
昭和19（1944）年，福岡県豊前市に生まれる。昭和43（1968）年，中央大学法学部法律学科卒業。北九州市警察部長を経て，平成16（2004）年福岡県警察（地方警務官）を退官。現在，九州国際大学特任教授，公益社団法人日本詩吟学院認可筑紫岳風会会長，全日本漢詩連盟理事，福岡県漢詩連盟会長，朝日カルチャーセンター福岡の講師を務める。
校註著書に『遠帆楼詩鈔』（草文書林），『白石廉作漢詩稿集』（恒遠醒窓顕彰会），『和語陰隲録』『こどもたちへ　積善と陰徳のすすめ』（共に梓書院），著書に『消えた妻女』（梓書院）がある。

豊前《ぶぜん》幕末《ばくまつ》傑人《けつじん》列伝《れつでん》

■

2012年2月15日　第1刷発行

■

著者　　三浦　尚司

発行者　西　俊明

発行所　有限会社海鳥社

〒810-0072 福岡市中央区長浜3丁目1番16号

電話092(771)0132　FAX092(771)2546

http://www.kaichosha-f.co.jp

印刷・製本　九州コンピュータ印刷

ISBN978-4-87415-840-1

［定価は表紙カバーに表示］